CURSO DEFINITIVO
DE LECTURA RÁPIDA

PSICOLOGÍA Y AUTOAYUDA

RAMÓN CAMPAYO

CURSO DEFINITIVO
DE LECTURA RÁPIDA

edaf

www.edaf.net

MADRID - MÉXICO - BUENOS AIRES - SAN JUAN - SANTIAGO

2013

Creador del Turbo-Speed Reader: Ramón Campayo
    www.ramoncampayo.com
Programador del Turbo-Speed Reader: José María Bea
    www.josemariabea.com

Diseño de cubierta: David Reneses

Editorial EDAF, S. L. U.
Jorge Juan, 68. 28009 Madrid
http://www.edaf.net
edaf@edaf.net

Algaba Ediciones, S.A. de C.V.
Calle, 21, Poniente 3323, Colonia Belisario Domínguez
Puebla, 72180, México. Tfno.: 52 22 22 11 13 87
jaime.breton@edaf.com.mx

Edaf del Plata, S. A.
Chile, 2222
1227 - Buenos Aires, Argentina
edaf4@speedy.com.ar

Edaf Antillas, Inc
Local 30, A2, Zona Portuaria Puerto Nuevo
San Juan, PR (00920)
carlos@forsapr.com

Edaf Chile, S.A.
Coyancura, 2270, oficina 914, Providencia
Santiago - Chile
comercialedafchile@edafchile.cl

5.ª reimpresión, septiembre 2015

Depósito legal: M-44.939-2009
ISBN: 978-84-414-2146-2

PRINTED IN SPAIN   IMPRESO EN ESPAÑA
Gráficas COFAS, S. A. Pol. Ind. Prado de Regordoño - Móstoles - Madrid

Índice

Prólogo

C UANDO conocí personalmente a Ramón Campayo estábamos en un plató de televisión. Él había sido invitado por sus extraordinarias capacidades mentales y yo como científico que iba a comentar una demostración que Ramón nos iba a hacer. A lo especial de esta situación se unió el hecho de que Ramón no iba poner a prueba su tan conocida capacidad de memorización, sino algo mucho más sutil y difícil de abordar científicamente: la telepatía. Ante estos temas yo suelo ser escéptico, aunque nunca del todo, siempre a la espera de poder encontrarme realmente de bruces con una verdadera oportunidad para sorprenderme e impresionarme. Y creo que aquella vez algo de esto ocurrió.

En las primeras pruebas, Ramón trató de transmitir a un grupo de alumnos ciertas imágenes utilizadas abundantemente en estudios sobre la telepatía, tales como un círculo, una cruz, una estrella, etc. Las tablas de aciertos se podían interpretar como un resultado algo superior al azar, pero para ser datos científicos aquellas pruebas se tenían que haber realizado en otras condiciones y poderse repetir. Las pruebas siguientes, sin embargo, me dejaron algo más perplejo. Se trataba de transmitir individualmente a cada uno de sus alumnos elementos de una imagen improvisada que describía una escena de playa. En esta ocasión no hubo tablas de aciertos, pues eran pocos los datos, pero la similitud entre la mayoría de las imágenes supuestamente transmitidas y las copias hechas por los alumnos llamó mucho mi atención.

Sigo siendo escéptico, es mi trabajo. Pero aquel encuentro me dejó algo intrigado y con ganas de saber más de Ramón. Que Ramón se hubiera atrevido con un tema tan ajeno, en principio, a aquello que es su especialidad, la memorización, solo podía ser un ejemplo de lo lejos que se puede llegar cuando uno tiene auténtica confianza en sí mismo. Y muchas veces con éxito. Al poco tiempo invité a Ramón a pasar por nuestro laboratorio del Centro Mixto UCM-ISCIII de Evolución y Comportamiento Humanos, donde le hicimos una prueba que formaba parte de un experimento que en aquel momento estábamos llevando a cabo.

La prueba detectó que Ramón era capaz de percibir los estímulos visuales al menos 30 milisegundos antes que la gran mayoría de la población. Aquel hallazgo, que fue noticia en diversos medios de comunicación, puso en evidencia que parte del éxito de Ramón no solo no podía deberse únicamente a unas altas dosis de autoestima, eso estaba claro, sino que tampoco podían ser fruto exclusivo del entrenamiento. Las vías sensoriales primarias maduran a edades tempranas, de manera que es difícil que la experiencia posterior afecte o modifique de alguna manera a unos circuitos que llevan la información visual desde el ojo hasta la corteza cerebral occipital, pasando por el tálamo.

Aquello abría nuevas puertas a la investigación científica: ¿qué parte de la extraordinaria capacidad de memorización de Ramón Campayo se debía a sus capacidades innatas, y qué parte al aprendizaje, a la experiencia, al ejercicio? Las respuestas a estas preguntas podrían ser de enorme interés para saber más acerca de la mente humana, particularmente acerca de procesos mucho más abordables científicamente que la telepatía, como la percepción, la atención o la memoria. Quién sabe si con el tiempo no acabaríamos sabiendo también más acerca de la telepatía.

Que Ramón siga siendo imbatible en pruebas internacionales de memorización es para mí una prueba evidente de que el ejercicio no lo es todo en esta capacidad cognitiva, como será probablemente el caso de la gran mayoría de las capacidades humanas sobre las que se hacen competiciones. Pero que muchos de los primeros puestos del mundo en esos campeonatos de memorización en los que Ramón triunfa sean alumnos suyos solo puede indicar una cosa: que sus métodos, sus ejercicios, sus consejos e indicaciones, son también muy efectivos. En Ramón, lo innato y lo adquirido parecen aunarse como clave de su éxito. Sin embargo, que otras personas alcancen cotas tan altas es prueba del tremendo poder de lo adquirido, de hasta dónde podemos llegar con ejercicio y experiencia, particularmente bajo la guía de un buen método. Son la base de nuestros sistemas educativos.

No me cabe duda, pues, de que los métodos y ejercicios de Ramón Campayo son singularmente efectivos para conseguir que nuestra mente alcance cotas casi inconcebibles. Aún queda por determinar científicamente por qué parecen ser más efectivos que otros; qué partes de su metodología son fundamentales y por qué. Igualmente queda por saber en qué consisten los cambios que producen en nuestro cerebro. Pero que la ciencia aún no pueda dar una respuesta categórica a estas preguntas no impide en absoluto poder disfrutar y beneficiarse de los métodos y ejercicios de Ramón Campayo mientras llega esa respuesta. Tan solo se puede decir que el día que se responda a estas preguntas se habrá conseguido un gran avance para la ciencia.

MANUEL MARTÍN-LOECHES
Responsable del área de Neurociencia Cognitiva
del Centro Mixto UCM-ISCIII de Evolución
y Comportamiento Humanos

Sobre el autor

LA prensa internacional ha calificado este año a Ramón Campayo como uno de los mayores genios de la historia, y también lo ha hecho con el apodo de «El hombre de los 100 récords».

El motivo es fácil de entender, pues desde que en el año 2003 empezó a competir en pruebas de memoria rápida, ha batido más de 100 récords mundiales.

Ramón Campayo es actualmente Campeón y Recordman Mundial de memoria rápida, y su currículum es realmente asombroso. Lleva siete años en la cima mundial, y el día 25 de julio de este año 2009 volvió a proclamarse en Munich campeón mundial de memorización.

Hasta el momento, este genio de la mente está imbatido y, además, es poseedor de todos los récords mundiales de memoria rápida, por lo que es lógico considerarlo como el memorizador más veloz de la historia.

El día 2 de marzo de 2009, la velocidad del cerebro de Ramón Campayo asombró al mundo científico tras someterse a una prueba de velocidad de percepción ante estímulos visuales y auditivos, dirigida por el profesor y científico don Manuel M. Loeches, coordinador del Área de Neurociencia Cognitiva del Centro Mixto UCM-ISCIII de Evolución y Comportamiento Humanos. Y es que los expertos quieren saber a qué velocidad percibe los estímulos Ramón Campayo, a qué velocidad vuela su cerebro.

Cuando recibes un estímulo visual, la imagen impresiona tu retina, atraviesa el nervio óptico y termina plasmándose en el neocórtex. Este experimento registra la velocidad a la que esto sucede, antes de que seas consciente de lo que has visto.

La prueba consiste en fotografiar el cerebro a través de la magneto-encefalografía, herramienta que evalúa los pequeños campos magnéticos que genera el cerebro y permite medir la rapidez con que los diferentes grupos de neuronas se sincronizan cuando uno percibe un estímulo.

Según palabras textuales del neurocientífico don Manuel M. Loeches:

«Es impresionante. Ramón Campayo percibe los estímulos visuales unos 30 milisegundos antes que la mayoría de la gente, lo que es mucho tiempo en términos del cerebro.

Esto, además, se acompañó de una gran ventaja en sus respuestas (a pesar del cansancio que arrastraba Ramón desde semanas atrás), en el sentido de que respondió (apretar un botón cuando detecta cierta característica del estímulo) unos 170 milisegundos más rápido que el resto de la gente.

Esto quiere decir que, además de esa ventaja perceptiva que se observa en la figura, Ramón muestra un adelanto frente al resto de la gente en otros procesos que ocurren entre que se percibe el estímulo visual y se realiza la respuesta».

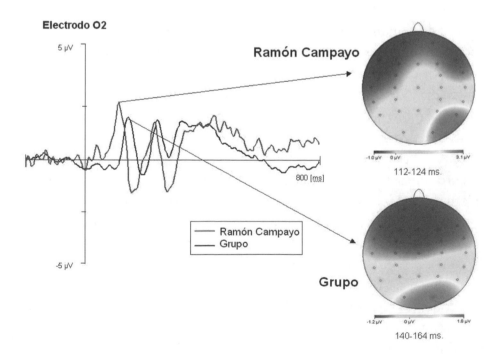

ISABEL: ¿La parte negativa de la curva significa que Ramón se relaja más que el Grupo durante la prueba?

MANUEL M. LOECHES: No, no se puede interpretar como que se relaja más. Solo se ve, y muy bien, que Ramón se adelanta en el tiempo, e incluso en cada paso que da emplea mayor número de neuronas (los picos, tanto hacia el negativo como hacia el positivo, son más grandes). El que un pico sea negativo o positivo no implica para nada relajación, sino todo lo contrario, y el que sean de una polaridad u otra (negativo-positivo) solo tiene que ver con el lugar dentro del cerebro donde está ocurriendo el proceso, y la orientación de las neuronas implicadas.

ISABEL: En esos 800 ms ¿qué se registra exactamente?

MANUEL M. LOECHES: Es difícil ser exacto en la definición de cada proceso. Son diversos pasos en los que primero se detecta la posición espacial del estímulo, y a continuación la forma y el color juntos. Tras esa detección se producen actividades puramente atencionales.

ISABEL: En la gráfica se observa que el resultado de Ramón oscila entre 112-124 ms, y en el caso del Grupo entre 140-164 ms.

MANUEL M. LOECHES: Esos tiempos corresponden al primer pico positivo, y se podrían haber hecho también para picos sucesivos, pero no es necesario. Y reflejan cuándo se detecta la posición (izquierda o derecha) del estímulo, antes de detectar el color y la forma. Ramón se adelanta, claro.

ISABEL: El número de neuronas que intervienen en el proceso también está relacionado con la calidad y capacidad cerebral de sujeto. ¿El mayor voltaje en el resultado de Ramón indica que están en juego mayor número de neuronas?

MANUEL M. LOECHES: Efectivamente.

ISABEL: ¿Dónde se ha realizado este experimento, además de España?

MANUEL M. LOECHES: El procedimiento se ha hecho en muchos laboratorios del mundo, especialmente en Estados Unidos, y siempre sale lo mismo.

ISABEL: Hasta la fecha, ¿Ramón sería el mejor resultado que habéis visto?

MANUEL M. LOECHES: Sí.

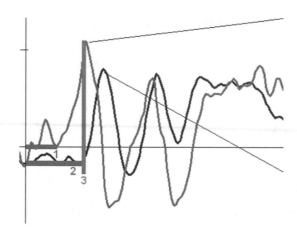

En la gráfica anterior, la longitud de la línea horizontal n.º 1 corresponde al tiempo de reacción empleado por el cerebro de Ramón Campayo desde que es sometido a un estímulo visual externo, lo detecta y empieza a responder.

La longitud de la línea horizontal n.º 2 que está justo debajo, corresponde al tiempo de reacción empleado por la media de los miles de universitarios que en todo el mundo han sido sometidos al mismo experimento.

Comparando la longitud de ambas líneas puede apreciarse cómo la reacción cerebral ante un estímulo visual comienza a producirse en el cerebro de Ramón Campayo aproximadamente en la mitad de tiempo que en el de una persona normal.

Por otra parte, el momento en el que dicho estímulo llega a su momento álgido en el cerebro de Ramón y ya empieza a perder intensidad (línea vertical n.º 3), corresponde al mismo instante en el que un cerebro normal está empezando a percibir la existencia de una información que todavía es incierta para él, esto es, la que el cerebro de Ramón ya ha desechado.

Según los científicos, la velocidad del cerebro de Ramón Campayo es innata, aunque él considera que también han podido tener que ver los ejercicios que diseñó para entrenarse, que son los mismos que han llevado a sus alumnos a ocupar las once primeras plazas del ránquin mundial en pruebas de memoria rápida.

Algunos de los más rápidos memorizadores y expertos del mundo califican a Ramón Campayo como un ser «extraterrestre» contra el que no se puede competir, una persona imbatible puesto que a su increíble y ventajosa velocidad de percepción hay que sumar su impresionante velocidad de respuesta ante los estímulos que percibe, ambas demostradas científicamente, así como su asombrosa velocidad de lectura, de procesamiento de la información y de memorización.

La propia Chus García, actual subcampeona mundial, ha manifestado en numerosas ocasiones: «A Ramón no se le puede ganar».

Por si todo lo anterior fuese poco, a la enorme capacidad de Ramón Campayo hay que unirle la gran confianza personal que siempre deposita en sí mismo cuando compite. Sin duda se trata de una autoconfianza que ha sabido ganarse a pulso gracias, con toda seguridad, a su genialidad innata, pero también a un trabajo bien realizado que ya ha compartido con los memorizadores más rápidos del mundo, sus alumnos.

Parte de este trabajo también desea compartirlo ahora con usted mediante este excepcional curso de lectura rápida.

M. ISABEL SÁNCHEZ LLAMAS
Juez Internacional de Speed Memory

IMPORTANTE:

— Lea las instrucciones sobre la instalación de su programa TSR incluidas en el CD.

— Para la instalación necesitará conexión a Internet solamente en el caso de que no tenga instalado en su ordenador el .NET Framework 3.5.

— La resolución mínima de pantalla recomendada es de 1024 x 768 px.

— El programa es solo compatible con Windows XP SP 2 y superiores.

Bienvenida

Querido lector:

Deseo darle la bienvenida a este curso de lectura rápida y agradecerle la confianza que ha depositado en mi método.

No estamos ante un simple libro informativo, sino ante un completísimo curso que he diseñado con todo mi interés e ilusión. Mi propósito es que todos los lectores, sin importar el nivel actual de lectura que posean, obtengan su máximo rendimiento mediante la adquisición de una técnica de lectura realmente eficaz, y por supuesto que puedan practicarla en el día a día hasta hacerla totalmente natural e indispensable en sus vidas. Para ello no solamente trabajaremos dicha técnica, también realizaremos entrenamientos adicionales que nos permitirán seguir mejorando, tests de comprobación, etc.

Para que todo esto sea posible, he diseñado el Turbo-Speed Reader, nombre del pequeño «monstruito» que viene en el Cd acompañando a este libro, y que nada tiene que ver con lo que actualmente existe en el mercado. Con este software aprenderá a leer de manera eficaz, entrenará esas asignaturas complementarias que ningún lector realiza, y que son necesarias para seguir subiendo el listón, y además le mostrará su progreso. Sí, ya sé que lo he bautizado con un nombre algo largo, así que puede llamarle abreviadamente: TSR. Estoy seguro que será uno de sus inseparables compañeros.

Aprovecho la ocasión para agradecer públicamente al excelente ingeniero informático, y mejor persona, José María Bea, todo el esfuerzo e interés que ha puesto en la programación del TSR, habiéndole dado así vida a un proyecto que hasta entonces solo habitaba en mi cabeza.

Del mismo modo agradezco a la editorial EDAF el incondicional apoyo y confianza que sigue depositando en mis obras.

Solo me resta desearle que disfrute haciendo este curso al menos tanto como yo he disfrutado desarrollándolo.

Con mis mejores deseos:

RAMÓN CAMPAYO

Test inicial

ANTES de empezar a adentrarnos en el fascinante mundo de la lectura rápida, necesitamos saber cuál es su velocidad actual de lectura comprensiva. Para ello le voy a pedir que realice el test inicial que figura en este capítulo.

Para hacer este test tiene que leer tal y como lo hace habitualmente. Esto significa que no se trata de entablar ninguna carrera, y por otra parte, usted no debe pensar que se juega algo, porque no es así. Muy al contrario, leer siempre debe suponerle disfrutar de un rato agradable.

Instale ahora el «Turbo-Speed Reader» que viene en el CD. Este *software* (llamado abreviadamente TSR) será junto conmigo el entrenador que lo acompañará a lo largo del curso.

Para la correcta instalación y funcionamiento del programa se necesita el Net Framework 3.5. Si no lo tiene instalado en su ordenador, puede descargarlo gratuitamente desde la página web de Microsoft o desde cualquier otro sitio. La instalación de su TSR se llevará a cabo automáticamente.

Su código de activación es: **5682-4992-1203-2332**.

Escriba su nombre de usuario, y ya estará usted en condiciones de empezar a usarlo. El programa acepta hasta tres usuarios distintos. Su TSR le llevará automáticamente a realizar el «**test inicial**» de lectura, fundamental para saber de qué nivel partimos. En la pantalla de su ordenador aparecerá un cronómetro que podrá accionar y parar con el ratón. ¡No haga nada más!

Su TSR ya sabe qué tamaño tiene el texto que va a leer, pues tiene contadas sus palabras, por lo que después le mostrará la velocidad, en palabras por minuto (ppm), a la que ha estado usted leyendo. Lo único que tendrá que hacer será accionar el cronómetro en el mismo instante en el que vaya a empezar a leer, y detenerlo justamente al terminar, cuando llegue a la palabra «**FIN**».

Cuando acabe de leer y detenga el cronómetro, le aparecerán de forma automática una serie de preguntas tipo test, muy sencillas de responder, en relación con el texto que ha leído, preguntas que deberá empezar a contestar tan pronto como aparezcan. Marque con el ratón la opción que considere correcta. Si no sabe alguna respuesta, contéstela guiándose por su intuición, o simplemente déjela en blanco. Si contesta y se equivoca, no tiene ninguna penalización por ello, por lo que yo siempre marcaría algo. Evidentemente tiene que contestar sin mirar nuevamente el libro. Yo no estaré delante en esos momentos, pero algo me dice que puedo fiarme de usted.

> Importante: Le recuerdo que el texto del test **solamente puede leerlo una única vez**, por lo que asegúrese de que no será molestado ni interrumpido en los próximos 6 minutos que aproximadamente puede llevarle su lectura. Además necesitará otros 3 minutos adicionales para responder a dichas preguntas, por lo que procúrese en total unos 10 minutos de tranquilidad y de concentración.

Por favor, no haga ningún tipo de trampas si desea tomarse en serio este curso, pues lo único que conseguiría sería falsear el desarrollo de la estadística y del seguimiento que le hará su TSR durante todo el curso, y después no sabríamos qué tipo de ejercicios ni de entrenamientos le han ido mejor, así como tampoco tendríamos idea del progreso que ha obtenido realmente.

Para esta lectura he seleccionado fragmentos del libro de Julio Verne: *De la Tierra a la Luna*. Lea sin detenerse hasta que encuentre la palabra «FIN».

¿Verdad que esto es emocionante? ¡Guau! Es usted todo un competidor.

Empecemos ya, y ante todo recuerde disfrutar de la lectura, que es de lo que se trata. Cuando termine de leer y haya contestado a las preguntas, nos volveremos a encontrar.

> ## ¡Accione el cronómetro y empiece ya!

«Barbicane había conseguido una gran fortuna con el comercio de madera; nombrado director de la artillería durante la guerra, contribuyó poderosamente a los progresos de esa arma, y dio a las cosas experimentales un incomparable impulso.

Era un personaje de talla mediana que tenía, rara excepción en el Gun-Club, todos sus miembros intactos. Sus acentuados rasgos parecían trazados a escuadra y a tiralíneas, y si es cierto que para adivinar los instintos de un hombre hay que mirarlo de perfil, Barbicane, visto así, ofrecía los indicios más seguros de la energía, de la audacia y de la sangre fría. En este instante, permanecía inmóvil en su sillón, mudo, absorto, con la mirada hacia dentro, refugiado bajo su sombrero de copa. Sus colegas hablaban ruidosamente a su alrededor sin distraerle; se hacían preguntas unos a otros, se lanzaban al campo de las suposiciones, examinaban a su presidente y trataban, aunque en vano, de despejar la X de su imperturbable fisonomía.

Cuando sonaron las ocho en el reloj fulminante del salón, Barbicane, como movido por un resorte se irguió súbitamente; se hizo un silencio general y el orador, en un tono algo enfático, tomó la palabra en estos términos:

—Valientes colegas, desde hace ya mucho tiempo una paz infecunda ha venido a sumir a los miembros del Gun-Club en una lamentable ociosidad. Tras un periodo de algunos años tan lleno de incidentes, nos ha sido preciso abandonar nuestros trabajos y pararnos en seco en la ruta del progreso. No temo proclamarlo en voz alta: toda guerra que volviera a poner en nuestras manos las armas sería bienvenida...

—¡Sí, la guerra! —exclamó el impetuoso J.-T. Maston.

—Pero la guerra —dijo Barbicane—, la guerra es imposible en las circunstancias actuales, y transcurrirán muchos años todavía antes de que nuestros cañones retumben sobre un campo de batalla. Por tanto, hay que tomar una decisión y buscar en otro orden de ideas un alimento a la actividad que nos devora.

La asamblea presintió que su presidente iba a abordar el punto delicado. Y prestó más atención.

—Desde hace algunos meses, valientes colegas —prosiguió Barbicane—, me he preguntado si, dentro de los límites de nuestra especialidad, podríamos realizar alguna gran experiencia digna del siglo XIX, y si los progresos de la balística nos permitirían llevarla a buen término. Por eso, busqué, trabajé, calculé, y de mis estudios ha resultado la convicción de que debemos triunfar en una empresa que parecería impracticable en cualquier otro país. Este proyecto, largamente elaborado, va a ser el objeto de mi comunicación: es digno de ustedes, digno del pasado del Gun-Club y no podrá dejar de causar ruido en el mundo. Por tanto os ruego, mis valientes colegas, que me concedan toda su atención.

Un escalofrío recorrió la asamblea. Tras asegurar su sombrero sobre la cabeza con un gesto rápido, Barbicane continuó su discurso con voz tranquila.

—Mis valientes colegas, no hay ninguno de nosotros que no haya visto la Luna, o al menos que no haya oído hablar de ella. No les extrañe que venga a hablarles del astro de las noches. Quizá nos esté reservado ser los Colones de ese mundo desconocido. Compréndanme, secúndenme con toda su fuerza, y yo les guiaré a su conquista, y su nombre se unirá a los nombres de los treinta y seis estados que forman este gran país de la Unión.

El vagón-proyectil

Este sería el vehículo destinado a transportar, a través del espacio, a los audaces aventureros. El proyectil debía ser llenado con una capa de agua destinada a soportar un disco de madera perfectamente estanco, que se deslizase sobre las paredes interiores del proyectil. Sobre esta auténtica balsa ocuparían su sitio los viajeros. La masa líquida estaba dividida por tabiques horizontales que el choque de la partida debía romper sucesivamente uno tras otro. Entonces, cada capa de agua, escapando por tubos de desagüe hacia la parte superior del proyectil, conseguía de este modo hacer de resorte. Indudablemente, los viajeros experimentarían un retroceso violento tras la total salida de la masa líquida, pero el choque debía expulsar todo aquella agua en menos de un segundo, y el proyectil recuperaría enseguida su peso normal.

Esto es lo que había imaginado el presidente del Gun-Club, y de esa forma pensaba haber resuelto la grave cuestión del retroceso. Por lo demás, este trabajo, inteligentemente comprendido por los ingenieros fue maravillosamente ejecutado. Una vez producido el efecto, y expulsada fuera el agua, los viajeros podían librarse fácilmente de los tabiques rotos y desmontar el disco móvil que los soportaba en el momento de la partida.

En cuanto a las paredes superiores del proyectil, estaban revestidas de un espeso acolchado de cuero. Los tubos de salida disimulados sobre ese acolchado no permitían siquiera sospechar su existencia. Así pues, se habían tomado todas las precauciones imaginables para amortiguar el primer choque.

A fin de no superar el peso asignado, se había disminuido algo el espesor de las paredes y reforzado su parte inferior, que debía soportar toda la violencia de los gases.

Se penetraba por una estrecha abertura practicada en las paredes del cono que se cerraba herméticamente por medio de una placa de aluminio, retenida en el interior por potentes tornillos de presión. Por tanto, los viajeros podrían salir a voluntad de su prisión móvil, una vez que hubieran alcanzado el astro de las noches.

Pero no bastaba con ir, había que ver en ruta. Nada más fácil. En efecto, bajo el acolchado se encontraban cuatro ventanillas de cristal lenticular de gran espesor. Los viajeros podrían observar durante su trayecto, la Tierra que dejaban, la Luna a la que se acercaban, y los espacios constelados del cielo.

Recipientes sólidamente sujetos estaban destinados a contener el agua y los víveres necesarios para los viajeros; estos podían incluso hacer el fuego y la luz mediante gas almacenado en un recipiente especial bajo una presión de varias atmósferas. Bastaba con girar una tuerca, y durante seis horas aquel gas debía iluminar y calentar el confortable vehículo.

Como se ve, no faltaban en él las cosas esenciales para la vida e incluso el bienestar. Además, gracias a los instintos de Michel Ardan, lo agradable vino a unirse a lo útil en forma de objetos de arte; habría hecho de su proyectil un auténtico taller de artista, si hubiera tenido espacio suficiente. Por lo demás, se engañaría quien supusiera que tres personas iban a encontrarse estrechas en aquella torre de metal que permitía a sus huéspedes cierta libertad de movimiento. No hubieran estado más a sus anchas en el más confortable vagón de los Estados Unidos.

Una vez resuelta la cuestión de los víveres y de la iluminación, quedaba la cuestión del aire. Era evidente que el aire encerrado en el proyectil no bastaría durante cuatro días a la respiración de los viajeros. Barbicane y sus dos compañeros, y dos perros que contaba llevar, debían consumir oxígeno renovando el aire del proyectil. ¿Cómo? Por un procedimiento muy simple, indicado por Michel Ardan durante la discusión del mitin.

¿Qué pasa en el acto de la respiración? Un fenómeno muy simple. El hombre absorbe el oxígeno del aire, eminentemente idóneo para mantener la vida, y rechaza el ázoe intacto. El aire espirado ha perdido cerca del cincuenta por ciento de su oxígeno, y contiene entonces un volumen casi igual de ácido carbónico, producto definitivo de la combustión de los elementos de la sangre por el oxígeno inspirado. Por lo tanto, ocurre que en un medio cerrado, y tras cierto tiempo, todo el oxígeno del aire queda reemplazado por el ácido carbónico.

A partir de ese momento, el problema se reducía a lo siguiente: habiéndose conservado intacto el ázoe: 1.º, rehacer el oxígeno absorbido; 2.º, destruir el ácido carbónico espirado. Nada más fácil mediante clorato de potasa y la potasa cáustica.

Combinando estos dos medios, estaban seguros de devolver al aire viciado todas sus cualidades vivificantes. Es lo que los químicos habían experimentado con éxito. Pero, todo hay que decirlo, sea cual fuere su precisión científica, se ignoraba por completo cómo iban a soportarla los hombres.

Esa fue la observación hecha en la sesión en que se abordó este grave problema. Michel Ardan no quería poner en duda la posibilidad de vivir en medio de ese aire ficticio, y se ofreció para hacer una prueba antes de la partida. Pero el honor de intentarla fue enérgicamente exigido por J.-T. Maston.

—Dado que yo no parto —dijo el valiente artillero—, lo menos que puedo hacer es habitar el proyectil durante ocho días.

Habría sido difícil negárselo. Tuvieron que rendirse a sus deseos.

A su disposición se puso una cantidad suficiente de clorato de potasa y de potasa cáustica, con víveres para ocho días; luego, después de haber estrechado la mano de sus amigos, el 12 de noviembre, a las seis de la mañana, tras haber recomendado expresamente que nadie abriera su prisión antes del día veinte, a las seis de la tarde, se deslizó en el proyectil, cuya placa de abertura fue herméticamente cerrada.

¿Qué pasó durante esos ocho días? Imposible dar cuenta de ello. El espesor de las paredes del proyectil impedía a cualquier ruido interior llegar fuera.

El 20 de noviembre, a las seis en punto, se retiró la placa de entrada. Sus amigos no dejaban de hallarse algo inquietos. Pero pronto se tranquilizaron al oír una jovial voz que lanzaba un hurra formidable.

Inmediatamente después el secretario del Gun-Club apareció en la cima del cono en una actitud triunfal. ¡Había engordado!»

FIN

¡Rápido, pare el cronómetro y conteste a las preguntas!

¡Qué emoción, me tiene usted en ascuas! ¿Cuánto tiempo ha tardado? ¿Cuál ha sido su velocidad de lectura?

Accione la pestaña «Progreso» y saldremos de dudas.

Bueno, no se podrá quejar, eran preguntas sencillas, ¿verdad?

Si ha contestado acertadamente a las veinte preguntas formuladas, el valor de su velocidad de lectura (V) coincidirá con el de su velocidad de memorización (Vm). Si ha sido así, enhorabuena, sus velocidades de procesamiento y memorización son muy altas en relación a su velocidad de lectura.

Para terminar, le voy a recomendar encarecidamente que, con el fin de conseguir una mayor efectividad y coordinación en nuestro entrenamiento, no vuelva a utilizar su Turbo-Speed Reader hasta que yo se lo indique, ¿*ok*?

Algo de teoría

Vamos a profundizar un poco en la teoría. Por favor, trate de recordar el significado de las siglas que vienen a continuación, pues nos ayudarán a expresarnos de forma más ágil en el futuro. Todas ellas hacen referencia a distintas velocidades de lectura:

— **V**: Velocidad final de lectura. Se trata de la velocidad media que hemos obtenido al terminar de leer un texto, aunque al final no hubiésemos retenido ninguna información.

— **Vp**: Velocidad de procesamiento mental. Velocidad a la que leemos manteniendo una sensación de total comprensión y seguimiento de lo que vamos leyendo, aunque finalmente no fuésemos capaces de retener nada de lo leído. **Vpmax** es nuestra máxima velocidad de procesamiento mental.

— **Vm**: Velocidad de memorización. Este valor será el que nos indique la verdadera eficacia de nuestra rapidez de lectura, ya que se fundamenta en la cantidad de información que vamos memorizando mientras leemos. **Vmmax** es nuestra máxima velocidad de memorización.

El valor de Vm será el más bajo de todos, pues obviamente incluye a las otras dos velocidades, V y Vp, velocidades a las que nunca podrá superar. Leyendo a una velocidad ideal de crucero (Vc) que nos permita obtener nuestra Vmmax, la memorización de los datos alcanzará su máxima expresión, y entonces sí podremos decir que estamos realizando una lectura provechosa.

Todas estas velocidades de lectura se miden generalmente en palabras por minuto (**pal/min**, o **ppm**). De sus características volveremos a hablar más adelante con mayor profundidad. No se preocupe ahora por ellas.

En este test inicial su entrenador le ha medido 2 velocidades de lectura, V y Vm. El valor de V viene dado en función del tiempo que ha tardado en leer el texto, y Vm al ajuste o corrección de la velocidad V según la cantidad de datos que ha sido capaz de comprender y de retener. De este modo evaluaremos, no solamente nuestra velocidad de lectura (V), sino también nuestra velocidad de comprensión y memorización (Vm).

Para conocer el valor de Vm realizaremos una sencilla regla de tres por la que obtendremos un porcentaje basado en el número de respuestas correctas dadas a una serie de preguntas tipo test formuladas en relación al texto leído.

De este modo, acertando las 20 preguntas propuestas, su Vm sería equivalente al 100% del valor de su V, es decir, se cumpliría esta igualdad: Vm = V. Esto significaría que su Vm es muy alta, o bien, que su V es muy baja.

Con el fin de ajustarnos lo más posible a la realidad, nuestro sistema de medición de Vm tendrá en cuenta el número de preguntas que matemáticamente se podrían acertar por puro azar, es decir, sin tener ningún conocimiento de lo leído. De este modo, como en este test hay 20 preguntas con 4 opciones posibles y usted cuenta con un 25% de probabilidad de acertar la respuesta correcta, los 5 primeros aciertos que obtenga no serán tenidos en cuenta.

Por ejemplo, si usted hubiese contestado acertadamente a 14 de las 20 preguntas formuladas, la regla de tres resultante sería esta:

15 aciertos posibles --- 100%

9 aciertos conseguidos --- X

Observe que en ambos casos hemos restado las 5 respuestas que el azar nos tiende a regalar de los valores originales.

Por tanto, el valor de Vm que obtendremos será la consecuencia de multiplicar el número de aciertos conseguidos (tras restar 5) por 100, y de dividir la cantidad resultante entre 15 (20 menos 5).

Así, en el ejemplo anterior tendremos que: 9 x 100 = 900, y por otra parte: 900 entre 15 = 60, por lo que un 60% sería la relación final entre su V y su Vm. Dicho de otro modo: Vm = 60% de V.

Continuando con el ejemplo, si usted hubiese leído el texto a una V de 240 pal/min, aplicando ahora este porcentaje del 60%, su Vm sería de 144 pal/min.

Este valor final de «144» corresponde al número de ppm que usted puede memorizar leyendo a 240 pal/min. Por tal razón, si su intención fuese la de retener la máxima información posible de lo que estuviese leyendo, quizá no sería recomendable que usted tratase de leer más rápido de esas 240 pal/min, porque su Vm podría ser inferior a 144. Por el contrario, si leyese a 220 pal/min, posiblemente su Vm sería entonces mayor, quizá 150 pal/min. Si este fuese su caso, nos encontraríamos de este modo con que una V de 220 pal/min habría sido más interesante y óptima para usted. Del mismo modo, si tratase de leer mucho más despacio, digamos a unas 160 ó 170 pal/min, posiblemente su Vm sería también menor de 150, porque una lectura tan lenta acarrea problemas de concentración y de entrelazado de ideas. En cualquier caso, cada persona es un mundo, y como yo no puedo entrar en valoraciones sin conocerle, le propongo unas minitablas a modo de orientación.

El subconsciente asimila de forma automática una parte más o menos importante de la información que leemos, pero nunca el 100%, por lo que la velocidad de memorización Vm puede tener un valor comprendido entre:

a) Menos del 25% de la velocidad de lectura V. Nos encontraríamos ante personas con graves problemas de retentiva o de concentración.

b) Un 33-50% de V para personas no entrenadas que tengan una memoria basal (capacidad nemónica) media.

c) Un 50-75% de V para personas no entrenadas que tengan una memoria basal alta, o bien para personas con bastante entrenamiento.

d) Un 75-90% de V para personas no entrenadas que posean una memoria basal muy alta, o bien para personas muy entrenadas.

e) Más de un 90% de V para personas máximamente entrenadas, o bien con una memoria basal excepcionalmente alta.

Es importante tener en cuenta que estos porcentajes están calibrados para lecturas sencillas, realizadas de forma veloz pero controlada al mismo tiempo, intentando mantener el máximo nivel de comprensión. Si alguien leyese muy despacio a propósito, los valores de V y de Vm podrían llegar a estar relativamente próximos, pero la lectura sería extremadamente lenta y aburrida, por lo que aunque se llegase a memorizar bastante información, se tardaría mucho más tiempo en hacerlo, y nunca podríamos hablar de una inversión de tiempo rentable, ni por tanto de una velocidad de lectura óptima.

Por otra parte, y a tenor de los porcentajes anteriores, la velocidad de memorización para un lector medio, carente de técnica y de entrenamiento, que esté en torno a las 240 pal/min, puede ser de:

— Menos de 60 pal/min para lectores con problemas de concentración o de retentiva.
— 80-120 pal/min para lectores que tengan una memoria basal media.
— 120-180 pal/min para lectores que tengan una memoria basal alta.
— 180-216 pal/min para personas que posean una memoria basal muy alta.
— Más de 216 pal/min para personas con una memoria basal excepcionalmente alta.

Para mí sería muy grato que mis queridos lectores obtuviesen con prontitud unas velocidades de memorización en torno a:

— 350-500 pal/min para un lector rápido y entrenado, que lea a 700 pal/min.

O mejor aún:

— 650-800 pal/min para un lector muy rápido, técnico y entrenado, que lea a 900 pal/min.

O el *top* y objetivo supremo de este curso para todos aquellos forofos de la lectura rápida, con madera de campeones, que quieran llegar a rayar el límite humano:

— 1000 pal/min para un lector excepcionalmente rápido, técnico, superentrenado y sin ningún punto débil, capaz de leer a 1100 ó 1200 pal/min.

Por favor, tenga en cuenta que todos estos porcentajes son bastante complicados de calibrar con exactitud, pues cada persona tiene una diferente capacidad de concentración, de motivación, autoestima, conocimiento de vocabulario y acervo cultural, etc, todos ellos factores condicionantes. Además dependen de la velocidad de lectura que se esté marcando en esos momentos, pues si por ejemplo, un lector novel lee muy pasado de velocidad (aunque él crea que no), su velocidad de memorización no será un tercio de la de lectura, sino mucho menor.

Ni que decir tiene que ese tipo de calibraciones solamente pueden hacerse empleando textos de poca dificultad, donde los datos que leamos no influyan en nuestras posibilidades, pues la primera vez que alguien se enfrente a un texto científico o complejo, le fallará su comprensión, y su velocidad de lectura (y ya no digamos la de memorización) será muy lenta en tanto no se familiarice con los términos usados. Pero recuerde que será lenta no porque su técnica de lectura sea mala, sino porque de algún modo estará leyendo en «otro idioma desconocido», cuyos términos y significado no podrá procesar inicialmente con la suficiente rapidez.

Lectura fotográfica, ¿un mito o una realidad?

«Yo soy capaz de leer a *60.000* palabras por minuto». «Y yo a *80.000...*»

Estos son algunos de los comentarios habituales que suelo escuchar en mis conferencias sobre la lectura rápida.

«En ese caso, usted debería ser capaz de memorizar al menos 30 números binarios en un segundo, pues leyendo a tal velocidad podría leerlos y repasarlos multitud de veces. ¿Querría intentarlo?»

Pero solo uno de cada 50 «superlectores» lo intenta...

«¡Vaya, solo ha conseguido memorizar 10 dígitos, la misma cantidad que cualquier persona que lee a una velocidad normal! No lo entiendo, afirma poder leer a una velocidad 300 veces superior a la media pero solamente ha sido capaz de retener la misma cantidad de información que ellos, a pesar de que con su velocidad de lectura, usted podría leer los números y repasarlos 300 veces en ese segundo de tiempo, ya que consigue leer a más de 1000 palabras por segundo...

Si quiere, pruebe a repetir la prueba: léalos y trate de repasarlos todas las veces que le dé tiempo, sabiendo que con su velocidad de lectura, sin duda podrá hacerlo muchas veces.»

Pero como todo sigue igual, pues el resultado no se mejora, se empieza a crear entre los asistentes un cierto desconcierto en torno a nuestro «veloz» e intrépido lector, por lo que intentamos buscarle una explicación a lo sucedido:

«Pues si realmente usted puede leer 300 veces más rápido que la media, la única explicación que se me ocurre es que su retentiva sea 300 veces menor, pues leyendo y releyendo una misma información 300 veces, solamente es capaz de memorizar la misma cantidad de datos que una persona que carece de toda técnica lectora, y a la que solo le da tiempo de leer los números una vez como máximo.»

Este ejemplo es para ambientar una frecuente realidad, el engaño del que han sido víctimas muchas personas ilusas que afirman ser capaces de leer a velocidades imposibles porque alguien les ha dicho que sí pueden, y que en verdad lo están haciendo gracias a su milagroso método. El ejemplo anterior quizá pueda parecer algo duro, pero es la única forma de despertar a esas personas y de hacerles comprender la realidad de su situación. Curiosamente, estos voluntarios siempre acaban muy agradecidos por la experiencia e interesados por mis métodos.

Aparte de que es completamente imposible leer a tales velocidades, equivalentes a correr los 100 metros lisos por debajo de 1 segundo, de poco nos serviría poder leer rápido si después no fuésemos capaces de asimilar nada de lo leído. Por esta razón, no hay que confundir la lectura rápida, real y comprensiva, con el simple ojeo.

Muchas veces, cuando alguien «lee» un periódico y se entretiene un par de segundos en cada página, lo que en realidad está haciendo es un ojeo en busca de los titulares de alguna noticia que pueda serle de interés, pero solamente se trata de eso, de un simple y superficial ojeo, y nunca podremos decir que dicha persona está realmente leyendo el periódico.

Leer a 60.000 pal/min implicaría ser capaces de leer 3 páginas de un libro por segundo, es decir, hay que ser fino hasta para pasar las hojas. Así pues, considero totalmente inaceptable que alguien te diga que sí estás leyendo a esas velocidades cósmicas, y que aunque aparentemente no te enteres absolutamente de nada, no tienes por qué preocuparte, pues tu subconsciente lo hará por ti más adelante y toda la información la retendrás después sin que te des cuenta: «ta-chánnnn...».

Otro mito frecuente consiste en creer que la lectura rápida, también llamada fotográfica, es hacer con los ojos una especie de cliché fotográfico de un texto completo que nos permitirá retener la información. En efecto, no son pocos los que afirman conocer o haber visto a alguien capaz de leer así. Particularmente no conozco a nadie, a pesar de llevar moviéndome muchos años por las más altas esferas de la competición mundial. Por supuesto que yo tampoco puedo, y les puedo asegurar que ninguno de mis récords mundiales de lectura y memorización rápida están conseguidos así.

Pero imaginemos todos ahora, por un momento, que alguien hubiese desarrollado su capacidad fotográfica hasta tal extremo, es decir, que fuese capaz de leer textos completos haciéndoles una sola foto. Si dicha persona tratase de leerlos de ese modo queriendo realmente hacerse cargo de toda su información, paralelamente tendría también que haber desarrollado, y hasta límites insospechados, la «segunda ventaja» del lector rápido (expuesta en el capítulo anterior), es decir, tendría que tener una velocidad de procesamiento mental tremenda, que estuviese en el mismo nivel de excepcionalidad que su supuesta capacidad para leer tan rápido. En efecto, su velocidad de procesamiento mental sería muy superior a la que tenemos los memorizadores más veloces del mundo, y tendría que haber sido entrenada y desarrollada al menos en igual medida que su velocidad de lectura, pues de otro modo su mente se bloquearía cuando intentase hacerse cargo de toda la información que cientos o miles de palabras le estarían transmitiendo cada segundo de lectura, del mismo modo que le sucedería a los músculos de un levantador de pesas que tratase en vano de levantar del suelo un peso de 10 toneladas. Sin una adecuada velocidad de procesamiento mental, cualquier superlector perdería la información a la misma velocidad que la estuviese «leyendo».

Lo más curioso es que estos lectores «tan veloces» no han entrenado su mente en absoluto. El motivo es que ni siquiera saben que existe tal posibilidad ¿Qué es ese entrenamiento? ¿Cómo se entrena eso? Estas son preguntas que escucho asiduamente. Sus profesores no se lo han explicado, y no lo han hecho porque, obviamente, ellos tampoco lo saben.

Por supuesto que estoy hablando en líneas generales, y siempre habrá mejores y peores profesores, con un mayor o menor conocimiento e interés, como pasa en todo, pero pienso que un buen profesor nunca debe tratar de engatusar a un posible alumno prometiéndole algo que sabe a ciencia cierta que jamás podrá conseguir. Si lo hace es porque quiere engañarlo, o porque en el fondo él también lo cree así, con lo cual estaríamos ante un estafador o ante un ignorante que desconoce aquello que trata de enseñar. Por el contrario, el mejor profesor será el que consiga los mejores resultados con sus alumnos, pues los alumnos hacen al profesor, y no al revés.

En resumen, la lectura rápida no es un mito, es una realidad, pero sí está algo mitificada. Mi idea no es engañar a nadie, y deseo presentarla tal y como es, pues entiendo que solamente conociéndola en profundidad y mostrando todos sus secretos y requisitos, podremos sacarle todo el partido a esta excepcional herramienta, que levanta pasiones por doquier hasta el extremo de elevarla a la categoría de mito.

¿Por qué leer rápido?

LEER más rápidamente nos aportará cinco ventajas:

La primera de ellas es la más evidente, aunque no se trata necesariamente de la más importante. Tal y como ya se estará usted imaginando, me estoy refiriendo al **mayor avance** que se consigue al leer todo tipo de libros, con el ahorro de tiempo que esto conlleva.

Por ejemplo, una persona que llegue a triplicar su velocidad de lectura, algo perfectamente factible para aquellos que se inician en este apasionante mundo, se encontrará entonces con que si antes necesitaba tres horas para leer un texto determinado, ahora podrá hacerlo en solamente una, ahorrándose dos horas que podrá emplear en cualquier otra actividad. Todavía impacta más esta proporción si trabajamos con textos muy extensos o con libros completos, pues tal incremento de velocidad nos permitirá leer en una sola semana la misma cantidad de información para la que antes necesitábamos tres.

Y aún es más impresionante visto de este modo:

Si un estudiante emplease tres años en leer una gran cantidad de información académica, triplicando su velocidad de lectura obtendría un enorme ahorro de tiempo, ya que ahora llegaría hasta el mismo punto en ¡un solo año!, encontrándose de repente con «2 años de vacaciones».

Creo que esto empieza bien. ¿Se va usted animando?

Por supuesto que me estoy refiriendo a leer con total entendimiento, y no a realizar simples ojeos, lecturas en diagonal, u otras «técnicas» similares que no nos serán nada útiles, y a las que me referiré en el siguiente capítulo.

La segunda ventaja que consigue el lector rápido no es tan obvia como la anterior, está algo oculta, pero sí es tan importante o incluso más. Viene dada por el importante incremento de su **velocidad de procesamiento mental.**

Pensemos en un lector normal que pueda leer a una velocidad crucero de 240 pal/min. La mente de esta persona es equiparable al microprocesador de un pequeño ordenador cuya velocidad de procesamiento fuese de 4 palabras por segundo.

De este modo podemos decir que la velocidad de procesamiento mental de dicha persona es también de 4 pal/seg, pues es cuanta puede procesar o «digerir» su mente mientras lee. Si esta persona adquiriese de repente, como por arte de magia, la técnica necesaria para poder leer correctamente al doble de su velocidad habitual, es decir, a 8 palabras por segundo, pero no hubiese desarrollado al mismo tiempo su velocidad de procesamiento mental, que seguiría estancada en 4 palabras por segundo, lo que notaría sería un inmediato bloqueo de su capacidad para procesar la información que estuviese leyendo, es decir, sentiría que avanza mientras lee, pero también comprobaría enseguida que se trata de un avance vacío, como si estuviese leyendo a «oscuras». No podría enterarse de prácticamente nada de lo que estuviese leyendo, porque la velocidad de procesamiento de su mente seguiría estancada en tan solo 4 palabras por segundo, y tal esfuerzo repentino para incrementar su velocidad de procesamiento al doble, en la misma proporción que ya lo ha hecho su velocidad de lectura, únicamente podría desbordarlo y bloquearlo.

Por el contrario, ¿qué habría sucedido si, tras un entrenamiento adecuado, dicha persona pudiese mantener perfectamente una velocidad de crucero superior, pero a la vez comprendiendo y haciéndose cargo de toda la información que apareciese delante de sus ojos? Pues lo que habría sucedido es que su capacidad mental habría tenido que crecer forzosamente en la misma proporción que su velocidad de lectura. No se habría incrementado un poco, nada de eso, sino que se habría ¡multiplicado varias veces por sí misma! De este modo, si nuestro lector hubiese conseguido realmente multiplicar por tres su velocidad de lectura, entonces, su velocidad de comprensión, su velocidad de procesamiento mental en definitiva, se habría multiplicado en la misma proporción, ¿y verdad que no es lo mismo una mente que procese 4 palabras por segundo que otra que sea capaz de hacerlo con 12? En este segundo caso, el lector más rápido comprobará, además, que posee una mente mucho más ágil y poderosa para cualquier uso al que la someta. El mundo desfilará ante sus ojos de forma «más lenta», sencilla y asequible.

Esta segunda ventaja es la que considero más importante de todas, aunque también tengo que decir que su efecto no se hace palpable tan rápidamente como el simple aumento de la velocidad de lectura, el cual se produce prácticamente tan pronto se emplea la técnica adecuada para ello, lo que podría tender a desanimar a aquellos lectores impacientes que no empleen ningún tiempo para entrenar ni para aumentar mínimamente su fuerza mental.

Leer, procesar y retener más rápidamente una información, solamente será posible si hemos convertido a nuestra mente en un ordenador más potente y veloz. De ahí la necesidad de este completo curso, cuyo objetivo no es solamente enseñarle la forma correcta de aprender a leer, sino también el de guiarle mediante las prácticas y entrenamientos necesarios para que pueda realmente convertirse en un lector mucho más rápido y eficaz. Por esta razón, este curso contiene además un excelente *software* que he diseñado especialmente para ello.

Así pues, dedicaremos en este curso una especial atención al entrenamiento y desarrollo de nuestra mente, pues de igual modo que nuestro cuerpo mejora cuando vamos a un gimnasio y lo sometemos a un entrenamiento adecuado, la mente también mejorará si la entrenamos, y aún lo hará en mucha mayor medida que el cuerpo, pues es más agradecida y fuerte que él, y por tanto tiene más de donde mejorar, hay más de donde sacar. Pero no solo debe mejorar por la enorme fuerza potencial que posee, también por haber sido siempre esa «gran olvidada» y encontrarse en proporción en un estado de desarrollo mucho más virginal que el cuerpo.

La tercera ventaja que nos aporta la lectura rápida tiene que ver con la **comprensión** de la información. En efecto, el lector rápido capta enseguida la idea general, mientras que el lector lento realiza inconscientemente una especie de sumas parciales de información que incluso pueden llegar a parecerle desconectadas entre sí por el tiempo que media entre ellas, resultándole mucho más difícil comprender y hacerse cargo de la información global que está leyendo.

La cuarta ventaja que conseguiremos es muy importante para todos aquellos que tengan que leer durante mucho tiempo o lo hagan de forma frecuente. Me estoy refiriendo a la **concentración.** El lector rápido se puede concentrar mucho más fácilmente y de manera más intensa, tanto por la mejor comprensión que tiene de lo que lee, como por lo bien que le hace sentir el rápido avance que experimenta. Además, el hecho de ir procesando con mayor velocidad la información que va leyendo, implica un ritmo de trabajo mucho más natural para nuestra mente, nada que ver con el aburrido y ralentizado trabajo mental que realiza todo aquel que no sabe leer y lo hace a cámara lenta.

La quinta ventaja que se consigue al aumentar la velocidad de lectura es también muy importante, y tiene que ver con la superación personal. El incremento de la **motivación,** de la **autoestima** y de la **confianza personal,** son claros ejemplos de algunas facetas de la personalidad que se desarrollan tan pronto se empiezan a obtener buenos resultados leyendo.

Ser capaces de leer y trabajar con nuestra mente a una mayor velocidad nos permitirá invertir mejor el tiempo del que disponemos y disfrutar de más tiempo libre. Esto no puede sino facilitarnos el acercamiento a los libros y al mundo de la lectura, eliminado la sensación de pereza y de miedo que muestran muchas personas cada vez que tienen que ponerse a leer algo.

Si a estas sensaciones tan positivas le añadimos además la subida de la autoestima que obtendremos al comprobar lo que somos capaces de mejorar y de llegar a hacer, el resultado no puede ser otro que el de hacernos sentir mucho mejor con nosotros mismos.

Fundamentos de la lectura rápida

Antes de empezar a tratar la lectura rápida en mis cursos, casi siempre suelo comenzar bromeando un poco preguntando si entre los asistentes se encuentra algún fotógrafo:

«¿Hay algún fotógrafo entre los presentes?».

Ni que decir tiene que pocas veces levanta alguien la mano, pues la probabilidad de que haya un fotógrafo profesional entre ellos es reducida. Entonces, pongo cara de desconcierto y continúo:

«¿Y alguien que haya hecho alguna vez una foto?».

Ahora, y entre risas, siempre veo muchas manos levantadas. Obviamente, cuando algún fotógrafo levanta su mano tras mi primera pregunta, me estropea el pequeño *gag*.

Lo que pretendo confirmar con las preguntas anteriores es la imposibilidad de hacer fotografías nítidas cuando la cámara fotográfica está en movimiento y el objeto a fotografiar está estático.

En efecto, ¿qué sucede cuando alguien realiza una fotografía moviendo la cámara? Pues sucede que todo sale movido y no se puede plasmar nada con nitidez. De modo similar, si tratamos de mover los ojos por una habitación rápidamente y sin parar, apenas captaremos información de lo que hay en ella, y por tanto, poco más conseguiremos aparte de marearnos un poco.

Los ojos hacen posible nuestro sistema de visión mediante un funcionamiento prácticamente idéntico al que posee una máquina fotográfica, pues del mismo modo que no se pueden fotografiar cosas estáticas con la cámara en movimiento, tampoco podremos ver claramente esas cosas estáticas si son nuestros ojos los que están moviéndose.

Los ojos controlan la luminosidad exterior gracias a la abertura de la pupila, lo que haría las veces de diafragma en la máquina de hacer fotos. La córnea del ojo equivale a la lente u óptica de la máquina, mientras que el cristalino haría las veces del *zoom*, permitiéndonos enfocar. La retina sería como la película, donde por cierto, la imagen que se forma también aparece invertida, siendo acto seguido volteada por el cerebro para que podamos verla como es debido. Además, tanto el ojo como las máquinas fotográficas juegan con el tiempo de exposición, de forma que si hacemos una foto al cielo nocturno aumentando el tiempo de exposición de la cámara, da igual que sea de revelado o digital, aparecerán visibles estrellas menos brillantes que en ningún caso hubieran sido captadas mediante una fotografía hecha con un tiempo de exposición reducido. De modo similar, nuestro ojo se acostumbra a la oscuridad y, transcurridos unos minutos, seremos capaces de distinguir estrellas y otros objetos celestes poco brillantes que en un principio éramos incapaces de apreciar.

Por otra parte, la reacción de nuestro cerebro ante el movimiento de los objetos que nos rodean no es instantánea. De hecho, las películas de cine que vemos no son sino una rápida sucesión imágenes estáticas. Buena prueba de ello es el llamado efecto estroboscópico, el cual se produce ante el movimiento rotatorio de un objeto brillante o que emita mucha luz de contraste. Dicho efecto visual nos crea la impresión de ver un cuerpo que gira como si estuviese detenido. ¿Recuerda el lector haber tenido la impresión, al mirar las brillantes llantas de las ruedas de un coche, de que estas parecían girar hacia atrás? También ocurre lo mismo con las aspas de un ventilador, o al observar las luces de una discoteca, donde el movimiento continuo que en realidad poseen se percibe como saltos intermitentes entre ellas.

Ya hemos visto las analogías existentes entre el funcionamiento del ojo y el de una cámara fotográfica. Pues bien, recordemos por su gran importancia que, del mismo modo que una cámara que esté estática no puede fotografiar nítidamente objetos que se encuentren en movimiento, ya que saldrían movidos, ni tampoco objetos estáticos si fuese ella la que se estuviese moviendo, si el ojo está en movimiento tampoco podrá captar información nítida de los objetos que estén estáticos.

Esta es pues una de las claves que justifican científicamente la existencia y funcionalidad de nuestra técnica de lectura fotográfica. Para remate, los excelentes resultados que se obtienen con ella terminan de despejar cualquier duda.

Si lo que queremos ver está estático, el ojo también tiene que estarlo para poder verlo con claridad.

Si observamos las palabras escritas de cualquier texto, no tardamos en apreciar que están estáticas, pero desde pequeñitos nos han enseñado a leer los renglones de izquierda a derecha, moviendo los ojos de forma continua. Aquí falla algo, y enseguida se percibe la antinaturalidad existente en dicha enseñanza, tal y como acabamos de demostrar. Por culpa del movimiento ocular continuo, nuestra observación de las palabras nunca podrá resultar eficaz. Pruebe el lector a leer algunos renglones de este libro moviendo los ojos de izquierda a derecha muy rápidamente. Observará cómo no puede ver las palabras de forma adecuada, ni por tanto captar su información. Si tratásemos de leer más rápido, aún sería peor, pues el desfase entre las estáticas palabras y la velocidad del ojo se incrementaría. Con la mala técnica lectora que todos hemos aprendido desde niños, solamente podremos leer a velocidades sumamente lentas y ridículas, donde la velocidad de desplazamiento horizontal de los ojos no sea muy elevada, es decir, a poco más de 200 pal/min, muy por debajo de nuestras auténticas posibilidades.

Por si esto fuese poco, la agilidad mental de los niños dejará pronto de desarrollarse, pues su mente se estancará prematuramente en una velocidad de procesamiento de datos que estará limitada a tan solo 3 ó 4 palabras por segundo, causada por el empleo de una técnica de lectura antinatural que frenará su avance al no permitirles sobrepasar dicha velocidad. Si no lo remediamos, esta será también la velocidad normal de procesamiento mental que tendremos cuando seamos adultos, unas 4 palabras por segundo en el mejor de los casos. Por el contrario, si se trabajase desde el principio con una buena técnica fotográfica de lectura, los niños no serían solamente capaces de leer 4 ó 5 veces más rápido de lo que lo hacen en la actualidad, sino que en consecuencia su mente sería también 4 ó 5 veces más ágil y potente (algo que se dice pronto, pero que tiene una importancia tremenda), pues se habría desarrollado lo suficiente para poder leer y procesar sin dificultad muchas más palabras por segundo. Dicho de otro modo, funcionaría al ritmo para el que ha sido realmente diseñada.

Por otra parte, el empleo de un apoyo visual, algo fundamental cuando un niño empieza a leer y busca instintivamente seguir las palabras con el dedo para ayudar a sus todavía poco precisos ojos (recordemos que la mano es mucho más rápida y precisa que el ojo, los magos lo saben muy bien), se elimina de un manotazo. ¡Lo que faltaba! Se han eliminado los elementos de puntería que el niño necesitaba para empezar a leer. Esto es similar a tratar de disparar un arma de precisión eliminando sus elementos de puntería, es decir, su alza y su punto de mira. Por la misma regla de tres habría que hacer lo mismo cuando el niño empieza andar y se apoya en un carrito, habría que quitárselo de un manotazo puesto que la forma correcta de andar es erguida. ¿Y qué decir de los primeros cuadernillos de caligrafía donde las letras aparecen un poquito marcadas para hacer de guía y que el niño pueda empezar a aprender a escribir completándolas con un lápiz? Nada, como se trata de algo que luego tampoco se utilizará, otro manotazo y fuera. Y si el niño es además zurdo, pues no pasa nada, un par de manotazos más y todo arreglado en un plis-plas. ¡Ah!, y no hay ningún problema, siempre podremos contar con la ayuda de un especialista si luego se presenta inexplicablemente algún trastorno o limitación en su rendimiento.

Realmente no puedo culpar a los padres de esto, pues ellos siempre tratan de hacer lo que creen que es más conveniente para sus hijos, intentando enseñarles tal y como les han dicho que lo hagan. Pero en este caso es de manera muy antinatural, y los pobres resultados se harán notar desde el principio.

Creo que no hace falta insistir mucho más en este punto, pues resulta evidente que la desmotivación para leer que desde niños se va creando y luego de adultos se consolida, es claramente palpable en la sociedad.

Cada vez se lee menos y peor, y de nada servirán las campañas promovidas por los gobiernos referentes a: «Hay que leer más». Vale, ¿pero cómo hay que hacerlo? ¿Igual de mal que hasta ahora? ¿Cómo se motiva a una persona para que lea cuando ya es adulta y nunca ha sabido como hacerlo, aunque él piense que sí sabe? ¿Cómo se motiva a quien no ha desarrollado su capacidad mental para poder leer de forma mínimamente eficaz? ¿Cómo se supera la fobia creada desde niños hacia la lectura? Estas campañas deberían estar fundamentadas más bien en eslóganes como este: *«Aprendamos a leer de una vez por todas»*, y por supuesto, tendrían que proporcionarse los medios adecuados en el sistema educativo.

Por si le sirve de algo al lector, cuando alguien me pregunta:

«¿Cuál es tu primer secreto para memorizar tan rápido?».

Mi respuesta es:

«Leer más rápido aún».

Esto es axiomático, pues si quiero memorizar algo rápidamente, primero tengo que ser capaz de leerlo al menos con la misma velocidad, ¿no es así?

Para finalizar, deseo recalcar que cuando éramos niños, todos hemos tratado de empezar a leer apoyándonos en nuestro dedo, porque comprobábamos que el ojo no tenía la suficiente precisión para poder hacerlo sin su ayuda. Guiados por un lógico instinto de supervivencia, buscábamos un apoyo natural que fuese asequible y sencillo de utilizar. Me resulta muy curioso comprobar que todos usábamos el dedo sin que nadie nos hubiese enseñado a ello, haciendo uso de ese instinto natural. Por esta razón, es un error quitarle a un niño que empieza a leer el apoyo de su dedo, de su instinto, ya que gracias a ese guía, sus ojos pronto se volverán más diestros y precisos, no estarán perdidos en el espacio, y sabrán rápidamente adonde ir. En caso contrario, no serán precisos ni podrán leer velozmente, lo que también limitará su capacidad de aprendizaje.

Tras lo dicho, si usted tiene niños pequeños, mi recomendación es que les deje que aprendan a leer guiándose con su dedo hasta que sus ojos adquieran la suficiente agilidad y coordinación, y después...

¡Después que realicen este curso!

La lectura rápida en cifras

¿CUÁL es la máxima velocidad que podríamos llegar a alcanzar leyendo? ¿Dónde está el límite humano?

Pues bien, aproximadamente estamos hablando, nada más y nada menos, que de unas hipotéticas 60.000 pal/min. Esta es la misma cantidad de información que nos transmiten las escenas a todo color que vemos continuamente.

En efecto, así sucede cuando estamos viendo una película en el cine, o cuando simplemente estamos paseando por la calle observando el entorno que nos rodea. Nuestra mente está procesando en esos momentos una información equivalente a 60.000 pal/min. Dicho de otro modo, si alguien fuese capaz de leer, con total comprensión, a una velocidad de 60.000 pal/min, por fuerza tendría que estar viendo en su mente, o sentir de algún modo, imágenes en color, pues solamente dichas imágenes pueden transmitirnos tal volumen de información en tan corto espacio de tiempo.

¿Le parece exagerada esa cantidad de 60.000 palabras por minuto? Examine entonces con detalle la escena de una película que dure 1 segundo, y verá como se requieren cerca de 1000 palabras para poder describir toda la información que le transmite. De este modo tendríamos que hablar de cuántos personajes aparecen en ella, de cómo son (altos, bajos, con mucho pelo, llevan barba...), dónde se encuentran (cerca, lejos, en el desierto, a caballo...), cómo están vestidos, qué tipo de movimientos están haciendo, describir el resto de las imágenes y objetos que vemos, detalles del escenario, de fondo, luces ambientales, sonido, etc.

Nuestra mente subconsciente capta y procesa toda la información que percibimos a través de los sentidos, pero la mayor parte de los datos que la componen son tan poco transcendentales que apenas quedarán registrados en nuestra memoria durante unos instantes, siendo olvidados prácticamente de forma inmediata. Pero eso no quiere decir que no hayan sido procesados en su momento. De hecho, si observa esa escena de un segundo de duración varias veces seguidas, comprobará la gran cantidad de detalles que contiene, y que usted procesa y olvida en el acto.

El subconsciente puede procesar alrededor de 60.000 pal/min, pero ¡ojo!, siempre que esa cantidad de información le sea dada en forma de imágenes, tal y como sucede cuando vemos una película en el cine. Entonces, nuestro subconsciente hará un proceso de selección de la información que contienen todas las escenas que capta, para extraer y retener aquellos detalles que le sean más útiles o que le resulten más llamativos.

Nuestro subconsciente llega a procesar 60.000 pal/min, pero la mente consciente no puede acercarse a esa cifra ni remotamente. Dicho de otro modo, no podemos ser conscientes de tanta cantidad de información como es capaz de procesar nuestro subconsciente. Si accionamos el vídeo de casa y lo detenemos al segundo, podremos describir una gran cantidad de información de lo que hemos visto, pero obviamente tardaríamos mucho más tiempo de ese segundo en hacerlo. Ese tiempo extra que necesitaríamos es muy significativo, y demuestra las diferentes velocidades de trabajo del consciente y del subconsciente, pues si intentásemos ir analizando conscientemente, y a tiempo real, cada uno de los detalles que van apareciendo en dicha escena, y que sí capta nuestro subconsciente, enseguida nos bloquearíamos al no poder ni siquiera acercarnos a la velocidad necesaria para ello, pues para empezar, tendríamos que ser capaces de hablar a unas 1000 pal/seg como mínimo.

Ahora bien, si contrariamente a como sucedía en el ejemplo anterior la información no le fuese dada directamente a nuestra mente en forma de imágenes, es decir, no le fuese «servida en bandeja», sino que esas imágenes o sensaciones tuviesen que ser creadas por ella desde cero, desde dentro (tal y como sucede cuando estamos leyendo), el trabajo de procesamiento de nuestra mente no sería ahora de observación, sino de creación, y su velocidad operativa sería entonces mucho menor, ya que se trata de una actividad más compleja y antinatural, por lo que, desgraciadamente, tendremos que empezar a reducir esas 60.000 teóricas e inalcanzables palabras por minuto que podía procesar nuestra mente cuando simplemente captaba las imágenes de su entorno, y que en cierto modo equivale a la insuperable velocidad de la luz, hasta ver qué velocidad máxima de lectura nos queda finalmente como real y asequible.

Vídeo mental

A tenor de lo recientemente explicado, si intentamos leer muy deprisa, nuestra mente tratará de crear imágenes de forma espontánea (ahora no se le darán hechas), y lo hará así porque es su única posibilidad de poder llegar a procesar toda la cantidad de información a la que está siendo sometida.

Ahora bien, dado que nuestro pensamiento funciona en blanco y negro, las imágenes que podríamos crear de la nada forzosamente serían también en blanco y negro. De este modo, el límite de 60.000 pal/min, inalcanzable para cualquier lector, quedará ahora reducido a no más de 10.000 pal/min, de forma que el lector que pudiese leer a esta velocidad vería en su mente imágenes en blanco y negro, porque solo una imagen en blanco y negro es capaz de transmitir tal densidad de información.

Todo esto es muy lógico, y cualquier persona que trate de leer muy deprisa comprobará la tendencia de su mente a despreciar aquellas palabras que no le sirvan para formar imágenes, reteniendo solamente las que sí pueda visualizar, y que por tanto sean susceptibles de ser procesadas. Por esta misma razón, nuestra mente también tenderá a despreciar otros signos exclusivos del lenguaje escrito, como las comas, los puntos, los paréntesis, etc. Piense el lector que en la vida real no vemos esos signos por ninguna parte, y tampoco vemos artículos, preposiciones o conjunciones; todo esto es antinatural. Podemos estar viendo a una ardilla trepar velozmente por un árbol, pero solamente veremos las imágenes reales (animales y cosas) y su interacción, nunca los artículos ni los signos de puntuación, aunque estos sean imprescindibles en la escritura para aclarar una información o para evitar malas interpretaciones.

A modo de resumen comparativo, el procesamiento de toda la información que en forma de imágenes y acciones captamos mientras estamos viendo una película, corre a cargo de nuestro veloz subconsciente. En cambio, cuando leemos no aparece ninguna imagen real, y además estamos obligando a nuestra mente consciente, mucho más lenta, a realizar continuas intromisiones para analizar el contenido escrito, disminuyendo aún más la posibilidad de poder leer rápidamente.

Bien, ya hemos dicho que la máxima velocidad teórica a la que podríamos llegar leyendo (siendo muy optimistas) es de unas 10.000 pal/min, y que para procesar dicha velocidad nuestra mente se vería forzada a crear imágenes en blanco y negro, dado que solamente una imagen en blanco y negro puede transmitirnos tal densidad de información. ¿Pero qué pasa entonces con la persona que es capaz de leer a 900 ó 1000 pal/min? ¿Ve también imágenes o algo que se le parezca? Pues sí, y también puede llegar a sentirlas con bastante nitidez.

Cuando una persona lee muy lentamente, a no más de 4 ó 5 pal/seg, ciertamente le sobrará tiempo para todo, ya que esa velocidad está muy por debajo de sus posibilidades reales. Por esta razón su mente tenderá a «irse» a otros sitios que quizá le puedan resultar más interesantes en esos momentos, siéndole sumamente sencillo perder la concentración y distraerse. Esta velocidad dista mucho de la necesaria para que nuestro subconsciente se vea obligado a crear imágenes, y además da pie a que la mente consciente se entrometa continuamente para dirigir el proceso de lectura, analizando cada palabra, signo y significado por separado. De este modo, nuestras velocidades de lectura y de procesamiento mental quedarán limitadas a la velocidad de nuestro consciente.

Por el contrario, cuando alguien lee con una velocidad igual o mayor a 900 pal/min (15 palabras por segundo) está barajando tanta información que su mente tendrá que hacer algo muy especial si quiere tratar de procesarla, algo que, por otra parte, siempre hace de modo instintivo. Así pues, la mente utilizará todos sus recursos para crear escenas compuestas por verdaderos cúmulos de información visualizable, desechando a su vez todas aquellas palabras y partes del texto que no puedan ser visualizadas. Si la velocidad de procesamiento del lector es también lo suficientemente alta, la gran cantidad de palabras visualizables perfectamente procesadas formarán en nuestro subconsciente una especie de secuencia nítida, que será palpable como tal siempre que la estructura de dicha información lo permita y esté referida a un mismo contexto. Como resultado se producirá la aparición esporádica de imágenes y sensaciones que harán cobrar vida a nuestra lectura, llenándola de fuerza y de interés.

La aparición del vídeo mental tiene un efecto causal parecido al estruendo producido por un avión cuando supera la velocidad del sonido, pues si en este caso el *«sonic boom»* se produce por una acumulación de moléculas de aire que no tienen tiempo de apartarse las unas de las otras ante el rápido empuje del avión, en el caso de que la lectura fuese lo suficientemente rápida y procesada, se aglomerarían tantas palabras visualizables en nuestra mente que, finalmente, el *«sonic boom»* producido sería la aparición esporádica de imágenes y escenas como si de una película que estuviésemos viendo se tratase. A este efecto tan espectacular y sorprendente lo denomino **«vídeo mental».**

Gracias al video mental, nuestro subconsciente se «ilumina», se llena de energía y se enriquece, permitiéndonos a posteriori avanzar y progresar mucho más rápidamente en cualquier otra actividad mental que practiquemos. Volvamos ahora a la expresión anterior:

> «La mente consciente se entrometerá continuamente para dirigir el proceso de lectura, analizando cada palabra, signo y significado por separado».

Para advertir al lector de que si su objetivo no es solamente el de leer un texto, sino también el de aprenderlo, deberá redactarlo de forma que pueda leerlo rápidamente sin caer en malas interpretaciones, evitando un exceso de palabrería que no sería procesable por nuestra mente. Dicho de otro modo, para facilitar la aparición del vídeo mental, la información del texto tendría que parecerse, en cierto modo, a la proporcionada por una película de cine. Un estudiante que tenga que elaborar sus propios temas de estudio, tendrá, además, que cuidar mucho, no ya únicamente lo que escribe, sino también el orden de sus datos. Se trata de evitar que el subconsciente, que obviamente no puede procesar de igual modo toda la información que leemos, no machaque unos datos importantes por ser menos procesables que los que les siguen a continuación, y que repentinamente podrían atraer toda su atención, despreciando la importante información anterior. De este modo, el orden de los datos de un texto cualquiera influirá decisivamente en su posterior velocidad de lectura, de procesamiento y, por supuesto, de memorización.

Así pues, cuando se trate de obtener el máximo rendimiento de la lectura rápida en el aprendizaje y la memorización de textos, es decir, aplicada a los estudios en general, habrá también que aprender a confeccionar correctamente los resúmenes personales, pues los libros no están diseñados de la forma más adecuada para una veloz lectura-memorización.

Aunque aprender a resumir ordenando la información para que pueda ser memorizada más rápida y eficazmente es sin duda muy gratificante para los estudiantes, lamentablemente es algo que se nos escapa de este curso de lectura rápida, ya que es un curso que va dirigido a todos los públicos, y por tanto no es algo que debamos tratar aquí. Además, este libro se volvería demasiado complejo, y el lector podría perder fácilmente el rumbo. Por otra parte, dominar dicha técnica requiere realizar prácticas, lo que hace que solamente pueda enseñarla como es debido en cursos supervisados.

Resumiendo: este curso es para aprender a leer, y como tal, podrá ser aplicado para hacerlo más velozmente, ganando además en comprensión y en concentración, pero ahora bien, es posible que el orden de la información del texto que esté leyendo no sea precisamente el más adecuado, y unos datos dificulten la memorización de otros, en cuyo caso, el estudiante podría sentir cierta dificultad al tratar de retener toda la información pese a ser capaz de leerla muy técnicamente.

Desde luego que esa dificultad, en caso de producirse, no tendría nada que ver con la técnica de lectura empleada, por lo que un texto que no esté perfectamente estructurado planteará problemas memorísticos a cualquier lector. Lo único que sucede es que, como el lector rápido llega antes al final, si es algo inexperto, por lo general culpará de esa falta de retentiva (insisto, motivada exclusivamente por problemas estructurales del texto) a su técnica de lectura, mientras que el lector lento achacará el problema a su falta de capacidad, a su falta de concentración, o a ambas cosas.

Volviendo a centrarnos en el tema que nos ocupa, la velocidad media de lectura en una sesión de hasta 3 ó 4 minutos de tiempo, está entre 200 y 250 pal/min para un estudiante universitario. No obstante, por lo general siempre se suele leer más de 3 ó 4 minutos seguidos. Así, en intervalos comprendidos entre los 5 y los 10 minutos de tiempo, la velocidad promedio se sitúa entre 150 y 200 pal/min. Esta reducción obedece principalmente a problemas de concentración.

A los 10 minutos de lectura continuada, la velocidad sigue cayendo hasta establecerse en torno a las 120-150 pal/min, y yo diría que esta es la velocidad real de crucero, pues se trata de la velocidad sostenida para lecturas de al menos 10 minutos de tiempo, que son las más frecuentes e importantes. Digo que son las más frecuentes a sabiendas de que muchas veces no lo parezca debido a la gran cantidad de cortes que el lector lento suele realizar mientras lee, algunos de ellos realmente importantes y prolongados, debido principalmente a su falta de concentración y de motivación. Esta velocidad sería equivalente a la de un coche circulando por una autopista a 120-150 km/h, por poner un símil fácil de entender.

La máxima velocidad de lectura a la que considero que casi todo el mundo que posea verdadero interés puede llegar, está sobre las 800-900 pal/min. Esta sería la velocidad de un avión en km/h, y evidentemente no es lo mismo viajar en coche que en avión, hay mucha diferencia, ¿verdad?

Por otra parte, la velocidad que marcaría el límite absoluto para la gran mayoría de las personas que posean una técnica perfecta y un completo entrenamiento, sería de unas 1.200 pal/min. Sí alguien llegase a leer con una velocidad superior, sin duda estaríamos hablando de una persona con una superdotación especial para la lectura.

Volviendo al símil comparativo de las velocidades, un ejemplo que me gusta referir para contrastar la enorme ganancia que puede llegar a obtenerse, es el de comparar a un lector normal, que sería el conductor del coche que circula a 120 km/h por la autopista, con otro lector muy rápido que lo adelanta por encima pilotando un moderno caza de combate a match 1 (velocidad del sonido, equivalente a poco más de 1200 km/h). Solamente el aire que despide el avión supersónico con su pasada sería suficiente para echar al coche fuera de la carretera, y desde la cuneta, el pobre lector del turismo apenas tendría tiempo para ver al caza perderse por el horizonte en un santiamén. En realidad, esta diferencia de velocidades es tremenda, pues estamos hablando de poder llegar a leer hasta diez veces más rápido de lo que lo hace un estudiante universitario normal.

El ahorro de tiempo que se consigue leyendo a estas velocidades tan extremas es realmente extraordinario, pues un aumento como el expresado en el párrafo anterior, significaría que el lector normal tardaría diez meses en leer la misma cantidad de información que el lector rápido leería en solamente uno. En otras palabras, en diez meses de trabajo, el lector lento (o lector normal) llegaría al mismo sitio que el lector rápido, pero sin haber disfrutado de los nueve meses de vacaciones que este se habría permitido tener, y encima sin haberlo pasado igual de bien mientras leía. Esto por no hablar de la diferencia de concentración, motivación, autoestima, etc., que ambos experimentarían.

Pero ahora centrémonos en la parte más llamativa que surge de este espectacular incremento en la velocidad de lectura. Paradójicamente no se trata del ahorro de tiempo, sino de que esa mejora tan brutal haría que el lector de 1.200 pal/min estuviese procesando habitualmente 20 palabras/segundo al leer, y una mente que procese datos a tal velocidad será mucho más ágil y fuerte en todo. Compárese esta cifra con las 2 ó 3 pal/seg que de media procesa una persona normal leyendo durante 10 minutos. Su mente estará aperrada y estancada en esa minúscula velocidad de procesamiento para todo tipo de actividad mental.

En cualquier caso, sin ánimo de querer ser un aguafiestas y antes de que usted empiece a dar brincos de alegría por lo que va a conseguir, le recuerdo que esa velocidad de 1.200 pal/min es el límite humano, solo alcanzable tras un largo periodo de prácticas, y siempre que exista por medio una excelente técnica y un completo entrenamiento, además de una gran dedicación y entusiasmo. Bueno, ¿qué? ¿Acepta usted el reto?

Aunque leer a 1.200 pal/min sea uno de los objetivos a largo plazo de este curso, velocidades «cercanas» del orden de 700 ó 800 pal/min, pueden empezar a alcanzarse con cierta prontitud. Hablo de leer entendiendo y procesando toda la información, aunque evidentemente, si el texto es difícilmente entendible, la velocidad de lectura será menor y estará limitada a esa velocidad de entendimiento.

Mientras trabajamos para alcanzar estos objetivos, piense que todo trabajo de superación debe ser a la vez bonito y agradable (como el que nos ocupa), adjetivos que en absoluto están reñidos con la palabra «eficacia», sino más bien todo lo contrario. Vamos, que encima se lo va a pasar usted bien mientras obtiene algo sin duda merecedor de todo el tiempo que le vamos a dedicar, algo tan importante como desperezar nuestra mente y convertirla en un «ordenador» mucho más rápido y eficaz.

Como cosa curiosa y anecdótica, le diré, querido lector, que no todo son ventajas cuando se es capaz de leer y procesar muy rápidamente, pues la información que nos llega del exterior se ralentiza hasta el punto de que incluso hay que esforzarse para escucharla y comprenderla, sobre todo cuando se trata de alguien que habla lentamente, ¡y si encima da rodeos... ¡Buf!

Este es el «inconveniente» de leer y procesar rápido, el mundo que nos rodea se detiene en cierto modo. A veces me preguntan, ¿y puedes disfrutar un libro leyéndolo tan deprisa? Mi respuesta es sí, porque también proceso la información más rápidamente. Y es que cada persona tiene su velocidad de lectura idónea, aquella con la que se siente más segura. Nadie leería más cómodamente si de repente tuviese que disminuir su velocidad a un ritmo muy por debajo del que le va bien ¡Qué terrible!, ¿no?

Tablas valorativas
de la velocidad de lectura

E<small>N</small> las siguientes tablas expondré dos clasificaciones distintas de la velocidad de lectura comprensiva para tiempos comprendidos entre los 5 y los 10 minutos. Están calibradas con adultos de más de 14 años.

A) Tabla para personas sin técnica de lectura

1. Baja: menos de 150 ppm

2. Media: entre 150-200 ppm

3. Media-Alta: entre 200-250 ppm

4. Alta: más de 250 ppm

B) Tabla auténtica

1. Muy Baja: menos de 350 ppm

2. Baja: entre 350-400 ppm

3. Baja-Media: entre 400-450 ppm

4. Media: entre 450-525 ppm

5. Media-Alta: entre 525-600 ppm

6. Alta: entre 600-700 ppm

7. Bastante Alta: entre 700-800 ppm

8. Muy Alta: entre 800-900 ppm

9. Altísima: entre 900-1.000 ppm

10. Excelente: entre 1.000-1.100 ppm

11. Excepcional: entre 1.100-1.200 ppm

12. Superdotación: entre 1.200-1.300 ppm

13. Gran Superdotación: entre 1.300-1.400 ppm

14. Élite Mundial: más de 1.400 ppm

Esta segunda tabla es la real, y por tanto la que deberá usar el lector a modo de referencia. Sus valores solo pueden ser obtenidos mediante una técnica fotográfica de lectura.

Por ejemplo, una velocidad de 300 ppm sería ciertamente baja para sus posibilidades, aunque estaría muy bien para aquellos que no tienen técnica de lectura (tabla 1.ª).

Para finalizar, véase a continuación el efecto gráfico que resulta de comparar a un lector que tenga una fenomenal V de 1.200 ppm, un lector medio poseedor de una buena técnica que le permita leer a 600 ppm, y un lector normal, carente de técnica, cuya velocidad sea de 250 ppm.

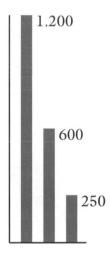

Tipos de lectura

SEGÚN sea el texto que vamos a leer, y según sean nuestras pretensiones con él, podemos considerar los siguientes tipos de lectura:

— **Lectura fotográfica.** Técnica natural de lectura basada en el similar funcionamiento de nuestros ojos con el de una máquina fotográfica. Gracias a ella podemos visualizar y captar al mismo tiempo toda la información que nos transmite un grupo de palabras, incrementando nuestra velocidad, nuestra comprensión y nuestra concentración.

— **Lectura rápida.** Es el resultado de una aplicación veloz y desenvuelta de la técnica fotográfica de lectura, sin que se produzcan pérdidas de comprensión ni de asimilación.

— **Lectura de ocio.** Es leer por placer o por diversión, sin tener ningún interés especial por recordar después nada de lo leído. Todo lo que posteriormente se recuerde, será exclusivamente gracias al inevitable automatismo de la memoria. Por ejemplo: lectura de cuentos, novelas, cómics...

— **Lectura informativa.** Se trata de un tipo de lectura cuya única finalidad es la de entender la información de que se trate.

En este caso, el lector busca procesar la información que está leyendo para conocer su idea general, pero sin mantener ningún interés especial por memorizar nada de lo leído. Todo lo que después recuerde será exclusivamente gracias al inevitable automatismo de la memoria. Por ejemplo: artículos recogidos en prensa, en revistas de divulgación didáctica, etc.

— **Lectura de aprendizaje.** Lectura que se realiza para comprender y memorizar todos los datos de un texto.

Al contrario que en los casos anteriores, siempre habrá que repetirla más de una vez.

¡Ojo, en ningún caso estamos hablando de aprender de memoria! Esto es algo sumamente ridículo (por cierto, muy frecuente en España) que no debería hacerse nunca, pero que desgraciadamente sí se hace porque así lo han decidido algunos «lumbreras», y donde saca mayor nota quien más se parezca a un loro, sin importar los conocimientos reales que se tengan sobre la materia. A todos aquellos que tengan que pasar una prueba similar, yo les recomendaría un peinado en forma de cresta junto a una vestimenta verde, y que empezasen a hablar tras aclarar su garganta mediante una especie de «rrrr» a la vez que mueven su cabeza de forma circular, movimiento este que deberían hacer frecuentemente mientras dure su exposición. En cambio no les recomiendo que muevan los pies, y que a lo sumo hagan pequeños desplazamientos laterales con ellos. Quizá esto repercuta en la «profunda e indescifrable inteligencia» que tienen algunos «expertos», y de este modo obtengan una mejor nota.

Obviamente no estoy criticando a quienes les exigen aprender de memoria para pasar un examen, pero estupideces como esta, diseñadas por los mismos ignorantes a los que hay que agradecerles que el sistema educativo español sea tan deplorable, esté falto de motivación, lleno de absentismo, cambie cada año y, en definitiva, que esté a la cola del mundo, producen el desconcierto en muchos estudiantes que, al final, por su desconocimiento y por las malas sensaciones que han experimentado, no saben cómo estudiar ni cómo aprender. Todo este desconocimiento es, además, motivo para que muchas personas acaben criticando y menospreciando el uso de una capacidad mental tan importante y colosal como es la memoria, pues la relacionan con estudiar como los papagayos.

— **Lectura de repaso.** Serie de lecturas que se realizan con el fin de poder consolidar y recordar más fácilmente, una información ya retenida en nuestra memoria.

— **Lectura en forma de zeta.** Forma de leer cuyos defectos todos hemos adquirido desde la infancia. Consiste en leer de izquierda a derecha, haciendo con los ojos la forma de la letra «zeta» vez que cambiamos de renglón.

Esta antinatural forma de lectura no debería usarse nunca, salvo por aquellos lectores que deseen leer muy lentamente, desconcentrados y, además, gusten de marearse mientras leen.

Unas sencillas prácticas

L LEGÓ el emocionante momento de iniciarnos en las primeras prácticas que nos permitirán ir adquiriendo una correcta técnica de lectura fotográfica.

Aprovecho para indicarle que la distancia entre los ojos y el texto a leer dependerá del tamaño de la letra y de nuestra agudeza visual, pero yo nunca leería un libro a menos de 30 ó 35 cm de separación.

Ejercicio n.º 1

Observemos este número:

$$480$$

¿Podemos verlo en su totalidad? ¿Verdad que somos capaces de ver sus tres dígitos al mismo tiempo?

Estoy seguro de que nadie pensará:

«Yo no puedo. Primero tengo que ver el 4, después el 8 y luego el 0».

La forma correcta de leer el número anterior es mirando sus tres dígitos a la vez, y cuando digo «a la vez», quiero decir precisamente eso, al mismo tiempo, y no el 0 un instante después que el 4.

Entonces veamos sus dos extremos al mismo tiempo realizando una breve parada, o «foto visual», para captar todo el número en ese mismo instante.

Evidentemente nos será mucho más cómodo ver dicho número en su totalidad que apuntar solamente a su primer dígito, el 4, e ir desplazando los ojos hacia la derecha para ver qué nos vamos encontrando después.

Observe el lector que empleo los términos «ver» y «leer» indistintamente. El motivo es porque, en este caso, realmente se trata de lo mismo, y es que «ver» algo escrito lleva forzosamente a «leerlo». Y si no, preste atención a este próximo ejercicio.

Ejercicio n.º 2

Mire durante un instante el siguiente número, pero no lo lea:

72

¿Verdad que no puede evitar leer lo que ve?

Leer es procesar la información de lo que vemos escrita, y esto es lo que hace nuestro subconsciente de forma automática, aunque no queramos. De modo similar, las acciones de leer y de memorizar son, hasta cierto punto, también inseparables, y por tanto funcionan de modo paralelo, aunque no van juntas de la mano, pues cada una tiene un desarrollo distinto, y sus valores pueden llegar a ser muy dispares.

Lea ahora el siguiente número pero no lo memorice:

94

¿Qué número era?

Estoy convencido de que no ha podido evitar memorizarlo. Por tanto, y a modo de resumen, recuerde esta importante frase:

No podemos evitar leer todo lo que vemos escrito, ni memorizar todo lo que leemos.

Evidentemente estoy hablando de una línea de actuación automática de nuestra mente, pero con bastantes límites, pues la velocidad de memorización siempre será inferior a la de lectura. No obstante, con práctica podremos llegar a leer muy rápido, procesando y reteniendo al mismo tiempo casi toda la información. ¿Qué más se puede pedir?

Ejercicio n.º 3

Observe cada uno de los dos números siguientes mediante rápidas fotos visuales. Vea todo el número en su totalidad, o sea, todos sus dígitos al mismo tiempo. Primero hágalo con el número superior y luego con el inferior:

35

216

Ahora suba y baje sus ojos 3 ó 4 veces para ir cambiando de número, alternando entre ambas fotos con rapidez.

Hágalo otras 3 ó 4 veces más, pero mucho más rápido aún...

Pruebe ahora a hacer las fotos lo más rápido posible, y después detenga su vista en el centro, entre ambos números, abriendo al máximo su campo de visión. Comprobará que es capaz de verlos perfectamente en una única fotografía visual.

Ejercicio n.º 4

Todos tenemos un campo de visión periférica lateral que puede llegar a abrirse bastante, casi 180 grados si tratamos de mirarnos las dos orejas a un mismo tiempo. Para leer correctamente hay que abrirlo un poco en ese sentido, evitando a toda costa mirar en exclusiva lo que tenemos delante de nuestra nariz. Dicho de otro modo, hay que abrir nuestro campo de visión lateral tratando de emular una especie de «ojo de pez».

Sobre este punto quiero llamar nuevamente la atención del lector, pues es uno de los más importantes, y sin su perfecto cumplimiento nunca podremos llegar a leer como es debido. Pero tampoco debe preocuparse excesivamente, pues si bien es cierto que cumplirlo se trata de algo vital, también lo es el hecho de que resulta muy fácil de entender y practicar, y en muy pocos minutos empezará a sentirse realmente cómodo con él.

> Usemos nuestro campo de visión periférica para poder visualizar varias palabras al mismo tiempo.

Cuando una persona lee de izquierda a derecha, del mismo modo que le han enseñado a hacerlo desde niño, no necesita usar ni desarrollar su campo de visión periférica, pues solo tiene que ver una sílaba cada vez, tal y como puede apreciarse en este próximo ejemplo.

Pruebe a leer prestando atención solamente a las sílabas marcadas en negrita mientras va cambiando de renglón:

En la época de los romanos...
En **la** época de los romanos...
En la **é**poca de los romanos...
En la é**po**ca de los romanos...
En la épo**ca** de los romanos...
En la época **de** los romanos...

El lector tradicional solo fija su atención en la sílaba que tiene delante. ¡Qué añorados recuerdos de nuestra infancia cuando aprendíamos que la «m» con la «a» era «ma», y la «p» con la «i» era «pi»! ¡Y también qué marcados recuerdos que siguen perdurando con el paso del tiempo!

Obsérvese la incomodidad que tiene leer de ese modo tan lento, pues nos hace estar pendientes de cada sílaba por separado y con la incertidumbre de saber qué sílaba va a venir a continuación, sílaba que podría cambiar, no solo el significado de la palabra, sino también el de toda la frase. Esto es algo así como estar perdidos en el desierto, desorientados y sin saber a donde ir ni qué va a suceder a continuación. Para los primeros pasos de nuestra infancia está bien, pero luego hay que evolucionar y usar el incremento de nuestra capacidad mental de una forma más conveniente.

Con una técnica eficiente de lectura fotográfica ganaremos en rapidez, en comprensión y en concentración, pues seremos capaces de captar en un mismo instante la información que nos transmiten varias palabras, entendiendo antes y mejor el sentido de cada una de las frases.

Ejercicio n.º 5

Nuestro próximo y sencillo objetivo será el de leer en un nivel superior al tradicional, es decir, al basado en la lectura silabeada que hemos visto en el ejercicio anterior. Ya sabe, el sistema propio de los niños en sus primeros pasos de aprendizaje, que ha sido conservado después por la mayoría de los los adultos. Para ello vamos a captar ahora palabras enteras de un solo vistazo, es decir, mediante una única foto visual.

Por favor, lea la diagonal que se forma al prestar atención exclusiva a la palabra marcada en negrita que posee cada renglón. Realice para ello una breve parada de medio segundo de tiempo en cada una de dichas palabras. Obviamente, cada parada es para realizar una foto que capte esa palabra entera, de modo que vea todas sus letras al mismo tiempo:

En la época de los romanos...
En **la** época de los romanos...
En la **época** de los romanos...
En la época **de** los romanos...
En la época de **los** romanos...
En la época de los **romanos**...

Aparte de encontrar una mayor comodidad, el aumento de la velocidad es evidente, pues haciendo el mismo número de fijaciones con los ojos, seis en ambos casos, hemos avanzado justamente el doble que en el ejercicio anterior, ya que ahora hemos llegado al final de la frase.

Aun así, al prestar toda nuestra atención a palabras tan cortas como «en» o «la», todavía estamos desperdiciando la mayor parte de nuestro potencial fotográfico, pues cada una de esas palabras son sílabas en realidad. En efecto, si podemos leer perfectamente palabras mucho más largas, como «época» o «romanos», ampliemos nuestro campo de visión lateral para aunar palabras muy cortas en una única foto, ya que no hay razón alguna para sacrificarlo a la mínima expresión.

Ejercicio n.º 6

Probemos en este ejercicio a leer agrupando en una única foto la palabra o palabras de cada frase que figuran en negrita:

En la época de los romanos...
En la **época** de los romanos...
En la época **de los** romanos...
En la época de los **romanos**...

Bueno, esto ya va estando mejor, pues ahora hemos llegado al final del renglón en 4 fotos, lo que quiere decir que hemos leído una vez y media más rápido que en el caso anterior, y tres veces más que en el ejercicio n.º 4.

Estos deberían ser también los primeros ejercicios para los niños pequeños que ya hayan aprendido a leer silabeando. En una siguiente fase tendrían que aprender a leer captando palabras enteras con una sola fijación. Posteriormente tendrán que hacer lo propio visualizando grupos de palabras cada vez más amplios. Por el contrario, lo que no se debería hacer con ellos es limitarlos y atrofiarlos por culpa de no enseñarles la forma más correcta, natural y eficaz de leer.

Ejercicio n.º 7

Experimentaremos ahora con un sencillo texto escrito en una pequeña columna, y de paso haremos un interesantísimo ejercicio.

Pero vayamos por partes. En primer lugar le voy a pedir, una vez más, que lea haciendo una única foto (viendo al mismo tiempo) a los pares de palabras que aparecerán a continuación.

Empecemos por el primero. ¿Puede leer mediante una sola foto, toda la información que aparece en negrita? Inténtelo...

El gato

Supongo que la respuesta será afirmativa como mínimo en el 99,99% de los casos. Observe que el secreto no reside en mirar fijamente el punto central de esa frase, es decir, la «g» de «gato». Ciertamente es ahí donde apuntaría la nariz, para que me entienda, pero debe abrir el campo de visión de sus ojos hacia la izquierda y hacia la derecha, ampliándolo todo lo que le sea posible, pero sin forzar, pues si se pasa de cierto límite, los extremos empezarían a leerse de forma borrosa.

Volvamos a leer la minifrase, «el gato», pero manteniendo ahora en la foto un tiempo de exposición de 2 ó 3 segundos. Concéntrese en abrir su campo de visión lateral todo lo que pueda. Para ello, trate de leerla pero viendo al mismo tiempo las 2 «X» de los extremos:

X   El gato   X

Contésteme: ¿Ha podido hacerlo muy bien? Creo poder oírle decir un «síííí» atronador. Bueno, bueno, tampoco hace falta gritar. ¿Cómo dice? ¿Qué le ponga algo más difícil? Así me gusta, pero no se impaciente, todo llegará.

Usando la técnica anterior, lea ahora la próxima columna de 4 renglones. Para ello tendrá que realizar un total de 4 fotos, una por renglón.

Por favor, recuerde prestar atención a estas dos normas fundamentales:

> 1.ª Haga una única foto sobre la totalidad de cada renglón, manteniendo su vista fija en él durante unas décimas de segundo. Cambie de renglón cuando realice su foto exitosamente.
>
> 2.ª Abra lateralmente su campo de visión periférica todo lo que pueda, pero sin forzar.

Aquí va la columna:

La casa

del prado

es blanca

y vieja

¿Lo ha hecho bien? ¿Se ha sentido cómodo? En cualquier caso le voy a pedir que vuelva a leer las 2 normas fundamentales anteriores, y se cerciore de que las aplica la perfección. Una vez hecho esto, repita otra vez el ejercicio varias veces. Le espero...

El ejercicio que viene ahora es sumamente interesante, así que preste toda su atención:

Lea de forma continua la columna anterior pasando cada vez más rápido de un renglón al otro. Vamos...

Continúe leyendo las mismas frases incrementando la velocidad, haciendo paradas brevísimas en cada renglón, y manteniendo estirado su campo de visión. Cuando su velocidad vaya siendo muy elevada, empezará a notar que tiende a leer haciendo una especie de barrido vertical de toda la columna. Entonces deténgase en el centro de dicha columna y mantenga su campo de visión tan ampliado como pueda. Si lo hace bien, podrá leer perfectamente los cuatro renglones de la columna al mismo tiempo y se sorprenderá por ello.

Fíjese en esto: Si fuese usted capaz de captar las 8 palabras que componen toda la información de la columna anterior en una sola foto que tuviese un tiempo de exposición de unas 4/10 de segundo, entonces estaría leyendo a 20 pal/seg, es decir, al tope anunciado de 1200 pal/min.

Además, debo hacer constar en su favor que el formato de lectura empleado en esa columna no era para nada el adecuado, pues para poder verla bien tenemos que utilizar bastante nuestro campo de visión vertical, bastante más limitado, ya que los ojos trabajan mucho mejor estirando el campo de visión de forma horizontal. En otras palabras, los cuatro renglones del párrafo anterior son demasiados cortos y suponen un claro desperdicio de nuestras auténticas posibilidades. Por esta razón será claramente preferible leer líneas mucho más largas, que contengan un mayor número de palabras.

También habrá observado que al final le he pedido que lea la columna sin darle apenas tiempo para hacer las fotos de sus renglones, primando la velocidad ante todo. Gracias a pasar de un renglón a otro muy rápidamente ha podido llegar a captar todos los renglones al mismo tiempo, pero si ahora prueba a leerlos otra vez mediante una sola foto, en frío, probablemente encuentre una mayor dificultad, y es que lo anterior fue un logro puntual que formaba parte de un entrenamiento guiado.

Para poder aumentar y consolidar realmente nuestra velocidad de lectura, y así ser capaces de pasar a «otra dimensión», tendremos que trabajar, no solamente la técnica fotográfica de lectura en sí, también nuestra velocidad de procesamiento mental, para acelerar la comprensión de la información que leemos, así como desarrollar la memoria en general. Sin estos logros, careciendo del necesario entrenamiento complementario, el incremento de la velocidad de lectura sería prácticamente en vano, pues nuestra mente no tendría capacidad suficiente para ir siguiendo y comprendiendo la información que tratamos de leer velozmente, y ya no digamos para retenerla después en nuestra memoria. Por otra parte, si pretendemos llegar lejos de verdad, también tendremos que entrenar y desarrollar la importantísima memoria eidética.

La memoria eidética

La memoria eidética es algo así como la parte explosiva de la memoria fotográfica, pues nos permite realizar *flashes* visuales muy rápidos y precisos.

Si la desarrollamos convenientemente, podremos leer más rápido gracias a ser capaces de hacer más fotos por segundo, y de forma más precisa y eficaz. La memoria eidética solamente puede desarrollarse con simuladores fotográficos adecuados, como los que incorpora el *software* de este curso.

Primeros ejercicios

B IEN, para comenzar haremos una serie de pruebas leyendo columnas compuestas por pares de números. Lo que pretendo con este ejercicio es que usted pronuncie el número final que resultaría de la unión de los 2 dígitos que lo componen. Estos dígitos están separados por un espacio equivalente a 2 palabras de 4 letras (2 veces la palabra «como» escrita en Arial 12):

8   6   9   2

como como   como como

Por ejemplo, en los dos pares de números anteriores, el número resultante en la columna de la izquierda es el 86, por lo que usted tiene que pronunciar en voz alta *ochenta y seis,* y en la columna de la derecha es el 92, por lo que tendría que pronunciar *noventa y dos.*

Es muy importante que trate de ver ambos dígitos **al mismo tiempo.** Esto significa que en el primer ejemplo no puede ver el «8», después el «6» y más tarde hacer la unión de ambos para pronunciar el «86». Por el contrario, y para que me entienda bien, es como si su nariz apuntase al centro del espacio que separa ambos números, o sea, donde más abajo aparece la letra «*N*» de «*Nariz*», pero le insisto en que tiene que ver los dos dígitos al mismo tiempo:

8   *N*   6   9   *N*   2

Use su campo de visión lo suficiente para poder ver ambos dígitos al mismo tiempo y de forma nítida. Es absolutamente imprescindible que los vea y los lea a la vez, en el mismo instante, y no uno antes que el otro. ¿Soy un pesado?

Finalmente, y con el fin de coger buenas costumbres desde el principio, mantenga su línea visual (la altura de los ojos con relación al texto
que realmente mira) en la mitad superior del número, coincidiendo aproximadamente con la línea formada por los siguientes asteriscos:

8************6   9*************2

El libro debe estar colocado en posición recta, y a una separación mínima de 30 centímetros de sus ojos.

Si es necesario, repase otra vez estas instrucciones para que tenga
completamente claro lo que ha de hacer. Por lo demás no se preocupe,
pues en realidad es algo sumamente sencillo de realizar, novedoso quizá,
pero fácil desde luego; además le resultará muy divertido. Este ejercicio
es tan sencillo de hacer que aunque usted no tuviese ninguna visión en
un ojo, conseguiría hacerlo sin la menor dificultad. En otras palabras, «se
lo va a pasar bomba».

Una última cosa, señale con el dedo o con un bolígrafo justo debajo
y en el centro del par de números que vaya a leer. Haga breves paradas
rítmicas usando el apoyo visual para que sus ojos se vayan acostumbrando
también a parar, y de ese modo pueda realizar fotografías totalmente
estáticas.

Bien, vamos a empezar. Lea primero la columna «A» y luego la «B».
Hágalo mejor en voz alta. ¡Que disfrute!

Columna A			Columna B	
8	8		9	9
4	4		0	0
5	5		5	4
0	1		7	2
3	9		3	7
2	9		7	3
1	7		2	3
3	2		7	1
8	1		7	7
4	6		4	2
5	9		0	9
2	5		6	8
1	1		7	2
8	9		8	9
2	9		7	3
9	2		3	7
6	9		9	6
9	6		6	9
7	4		0	8
2	7		9	0
9	3		5	1

¿Ya leyó ambas columnas? ¿Verdad que ha sido muy sencillo y divertido?

¿Sí? Pues léalas otra vez intentando desenvolverse ahora de forma mucho más ágil y rápida, tratando además de concentrarse y de mejorar la técnica aprendida y buscando un completo automatismo.

Instrucciones
del Turbo-Speed Reader

S E acerca el momento de realizar las primeras prácticas con su Turbo-Speed Reader.

El acceso a los tests y a algunos de los entrenamientos del TSR están bloqueados o protegidos por contraseñas que le iré desvelando en su justo momento. Realmente se trata de un sistema de protección para que no realice ejercicios que aún no le corresponda hacer. De este modo, su avance a través del curso será equilibrado, pues solo podrá acceder a aquellas pruebas que queden liberadas de forma natural, a medida que vaya progresando. Estoy convencido de que, en caso contrario, algunos lectores tratarían de usar el *software* y seguir el curso de forma similar a como leen la prensa o una revista, de atrás hacia adelante, justamente al revés de cómo está concebido.

El curso consta de tres bloques en cuanto al entrenamiento se refiere. Cada uno de ellos está compuesto por el mismo tipo de ejercicios, pero se diferencian por su grado de dificultad.

En el primer bloque trabajaremos con los 3 niveles más sencillos, que son los niveles 1, 2 y 3. En el segundo bloque practicaremos con los niveles 4, 5 y 6, y en el tercero con los niveles más fuertes: 7, 8 y 9.

Al terminar cada una de estas fases de entrenamientos realizaremos un test para saber qué grado de aprovechamiento está usted obteniendo del curso. En estos tests comprobaremos sus velocidades de lectura comprensiva y de memorización, así como la calidad de su retentiva, de mismo similar a como ya hicimos en el test inicial.

Pantalla principal

En la parte superior del programa nos encontramos con:

1. **Cronómetro.** Se conecta automáticamente a la hora de realizar un test. También puede utilizarse a voluntad.
2. **Velocímetro.** Selector manual de la velocidad. Puede emplearlo con los ejercicios: EL3, EL4, EL5, EL6, EL7 y EL8. Solo está disponible en fases avanzadas del curso; concretamente tras realizar el «test n.º 1», siendo por tanto válido para los bloques de entrenamiento 2 y 3.
3. **Metrónomo**. Puede conectarse o desconectarse a voluntad.

A continuación tenemos las siguientes pestañas:

— **Progreso.** Para ver los registros de las velocidades de lectura y de memorización que ha obtenido en los tests.
— **Tests.** Realice los tests que correspondan.
— **Entrenamiento.** Accederemos a las 5 modalidades de entrenamientos con las que viene equipado nuestro TSR. Aunque forzosamente he tenido que encuadrar cada ejercicio en alguna de las 5 secciones existentes, muchos de ellos reportan múltiples beneficios, e igualmente podrían haber pertenecido a otra sección distinta. Cada entrenamiento está explicado con detalle en el lugar del curso donde deben ser realizado.

  — **EL:** Entrenamiento de Lectura
  — **EO:** Entrenamiento del Ojo
  — **EPM:** Entrenamiento de Procesamiento Mental
  — **EVM:** Entrenamiento de Velocidad de Memorización
  — **EMD:** Entrenamiento de Memoria Eidética

— **Configuración**. Esta pestaña la veremos dos páginas más adelante.

Un poco más abajo viene el tipo de ejercicio, su nivel de dificultad, la tecla para comenzar y detenerlo, y finalmente la de «pausa/reanudar». En otra línea inferior nos aparece una breve descripción del ejercicio que vamos a practicar.

Además, su TSR cuenta con:

4. **Indicador de la velocidad actual de lectura.** Muestra la velocidad de lectura siempre que el indicador de modo n.º 10 esté en posición «Automático».
5. **Cuenta horas.** Le indica el tiempo acumulado de entrenamiento real. Es muy útil para saber la cantidad de tiempo que cada usuario dedica a entrenar.
6. **Cargar textos.** Su TSR puede abrir textos del tipo «txt», que son los utilizados por el bloc de notas de Windows. El programa

les dará automáticamente el formato que corresponda según el tipo de ejercicio de lectura con el que esté practicando en esos momentos, desde el «EL3» hasta el «EL8». Prepare nuevos textos para enriquecer sus prácticas.

7. **Conexión** a la sección de lectura de la web del autor para enriquecer el curso y su TSR.

8. **Información sobre** el *software*.

9. **Velocidad manual de lectura,** para saber qué velocidad ha obtenido usted, tanto en la lectura de un texto completo como en cada una de sus páginas por separado. Aparece automáticamente al pulsar la tecla *stop* siempre que el selector de modo n.º 10 esté en la posición «M» de «Manual». Si deja el cursor del ratón en una de sus gráficas encontrará información adicional.

   * Nota: la velocidad aquí registrada será por lo general un poquito menor que la mostrada en el indicador de velocidad (n.º 4), dado que puede haber renglones incompletos o con tamaño de texto variable.

10. **Selector de modo de lectura**. Puede combinar entre «A» (Automático) y «M» (Manual). Use el modo manual para leer sin ayudas. Cuando llegue al final podrá medir su velocidad media de lectura.

   Gracias a esta opción puede realizar una práctica muy interesante consistente en empezar en «Automático» y pasar en cualquier momento a «Manual» para tratar de seguir el ritmo.

11. **Flechas** para cambiar manualmente de página. También se pueden usar las del teclado del ordenador. Si no las acciona, el TSR cambiará automáticamente de página al llegar al final.

   Entre las flechas aparece la tecla «A» de «Automático». Púlsela para leer manualmente y sin ayudas. La letra «A» conmutará a la «M» de «Manual».

Área de texto. Espacio reservado a la aparición del texto y de los ejercicios.

Pestaña «Configuración»

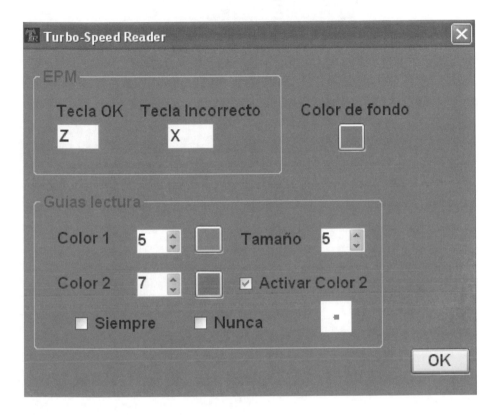

— **EPM.** Asigne las teclas que desee para estos ejercicios. Por defecto son «Z» y «X».
— **Color de fondo.** Personalice su TSR.
— **Guías lectura.** Puede configurar:

  — Color y tamaño de las guías.
  — Número de renglones que debe aparecer cada guía.
  — La casilla «Activar Color 2» activa o desactiva la 2.ª guía.
  — Las casillas «siempre» y «nunca» fuerzan la permanente aparición o desaparición de las guías. Si ninguna de estas casillas está activada, su tiempo de aparición de dependerá del número de renglones que tenga establecido.

— **Tecla «OK».** Guarda todos los cambios.

BLOQUE 1

Bloque 1.º de entrenamientos

Empecemos a trabajar con el programa TSR

LE recomiendo que empiece a entrenar lo antes posible, y todos los días, con los ejercicios que componen este primer bloque.

Cuando finalice un ejercicio, pase al siguiente hasta completarlos todos. Mantenga el orden que he establecido para ellos.

Paralelamente al entrenamiento, siga leyendo el libro hasta llegar al primer test de comprobación. En ese momento podrá hacerlo siempre que se den estas dos circunstancias:

— Que haya hecho todos los ejercicios de este primer bloque, así como los entrenamientos adicionales que encontrará en los tres capítulos siguientes.
— Que lleve entrenando una semana como mínimo.

* Cuando termine ese primer test de comprobación podrá realizar la segunda fase entrenamientos (bloque 2.º).

Rutina general de trabajo

A) Haga 3 series de cada ejercicio, descansando unos segundos entre ellas. La primera vez empiece por el nivel 1, el de menor dificultad. Los siguientes niveles presentan una dificultad mayor.

— Si se siente bien en este primer nivel, repita el ejercicio en el siguiente, en el 2, y si sigue encontrando bien, realice la tercera serie en el nivel 3. No podrá pasar del nivel 3 en esta primera fase de entrenamientos.

— Si por el contrario experimenta algún tipo de dificultad, manténgase unos cuantos días practicando con los niveles 1 y 2. La distribución de las tres series la dejo un poco a su criterio.

B) Para los próximos días seleccione los niveles de dificultad de este modo:

— Como norma general, realice la primera serie en un nivel donde se desenvuelva bien, la segunda en aquel que considere su límite, y la última en un nivel más alto que en la serie anterior.
— Si fuese muy cómodo, realice su primera serie en el nivel 2, y las otras dos series en el nivel 3, o bien las tres series en el 3.
— Si le costase mucho hacerlo correctamente, realice las dos primeras series en el nivel 1, y la última en el nivel 2.

Ejercicio EL1

Seleccione los ejercicios dentro de la pestaña «Entrenamiento».

La gama de entrenamientos «EL» significa: «Entrenamiento de la Lectura», y el número que sigue a continuación diferencia el tipo de ejercicio.

En este ejercicio tendrá que leer y pronunciar, lo más rápidamente que pueda, el número resultante de unir las 2 cifras que se muestran separadas en la pantalla de su TSR. Esto es lo mismo que ya hicimos en el capítulo anterior, salvo que ahora se trata de emplear el software para poder trabajar de forma mucho más dinámica y eficaz.

Trate de pronunciar en voz alta los resultados. Tendrá que hablar de forma continuada para poder mantener el ritmo que le impondrá su TSR. Por ejemplo, en este caso sería el «sesenta y siete»:

6   7

Es fundamental que trate de ver las 2 cifras al mismo tiempo, abriendo su campo de visión periférica tanto como le sea posible.

Como cada serie tiene una duración aproximada de 40 segundos, el tiempo total que necesitará para completar el ejercicio será de poco más de 2 minutos.

Realice la rutina general de trabajo.

Ejercicio EL2

Este ejercicio es muy similar al anterior. La única diferencia estriba en que ahora utilizaremos letras en vez de números. Pronuncie en voz alta la sílaba resultante:

P   E

En este ejemplo sería «pe».

Una vez más le recuerdo que es fundamental que trate de ver las 2 letras al mismo tiempo, abriendo su campo de visión periférica tanto como le sea posible.

Realice la rutina general de trabajo.

Ejercicio EO1

La gama de entrenamientos «EO» significa literalmente: «Entrenamiento del Ojo», y el número que le sigue a continuación diferencia el tipo de ejercicio.

Este excelente entrenamiento le proporcionará una mayor agilidad y precisión en sus ojos.

Para realizarlo correctamente tiene que mirar fijamente el centro del círculo que aparece en la pantalla de su TSR hasta que desaparezca. Justo en ese momento aparecerá de forma azarosa en otro lugar distinto. Localícelo con sus ojos tan pronto le sea posible, y vuelva a mirarlo fijamente hasta que vuelva a desaparecer, y así sucesivamente.

Desarrollará un ojo ágil cuando pueda seguir el circulo a la perfección, y consiga mirarlo prácticamente en el mismo instante en el que aparece.

Trate de seguir el círculo moviendo los ojos, no la cabeza.

Cada serie tiene una duración de 40 segundos, por lo que tendrá que mantener toda su concentración durante ese tiempo.

Realice la rutina general de trabajo.

Ejercicio EO2

Este ejercicio consiste en seguir visualmente los 10 números comprendidos entre el 0 y el 9 que, de forma desordenada, irán apareciendo cualquier punto de la pantalla.

Trate de localizarlos con rapidez. Gracias a este entrenamiento conseguirá una mayor agilidad y precisión en los ojos, y además trabajará su retentiva, mejorando su capacidad para poder memorizar más rápidamente.

Al terminar tendrá que responder a 2 preguntas:

1.ª ¿Qué número se ha repetido?
2.ª ¿Qué número no ha salido?

Marque con el ratón la opción que considere correcta, y después compruebe el resultado con la tecla «Corregir».

Realice la rutina general de trabajo.

Ejercicio EO3

Este ejercicio consiste en seguir visualmente las palabras que le irán apareciendo en cualquier punto de la pantalla.

Trate de localizarlas con rapidez. Gracias a este entrenamiento conseguirá una mayor agilidad y precisión en los ojos, y además trabajará su retentiva, mejorando su capacidad para poder memorizar más rápidamente.

Al terminar tendrá que responder a 2 preguntas:

1.ª ¿Qué palabra se ha repetido?
2.ª ¿Qué palabra no ha salido?

Marque con el ratón la opción que considere correcta, y después compruebe el resultado con la tecla «Corregir».

Realice la rutina general de trabajo.

Ejercicio EO4

Este ejercicio consiste en seguir visualmente los pares de palabras que le irán apareciendo en cualquier punto de la pantalla.

Trate de localizarlas con rapidez. Gracias a este entrenamiento conseguirá una mayor agilidad y precisión en los ojos, y además trabajará su retentiva, mejorando su capacidad para poder memorizar más rápidamente.

Al terminar tendrá que responder a 2 preguntas:

1.ª ¿Qué palabra se ha repetido?
2.ª ¿Qué palabra no ha salido?

Marque con el ratón la opción que considere correcta, y después compruebe el resultado con la tecla «Corregir».

Realice la rutina general de trabajo.

Ejercicio EPM1

La gama de entrenamientos «EPM» significa: «Entrenamiento de la velocidad de Procesamiento Mental», y el número que le sigue a continuación diferencia el tipo de ejercicio.

En esta ocasión tendrá que indicar si las frases que aparecen son correctas gramaticalmente o no.

Se trata de 10 frases muy sencillas, compuestas solamente por un artículo y un sustantivo. Si ambas palabras coinciden en género y número, entonces tendrá que pulsar lo antes posible la tecla que haya configurado como *«Ok»* en el cuadro «EPM», dentro de la pestaña «configuración», y que por defecto es la letra «Z». Si la frase no tiene sentido, como por ejemplo: «el gatas», entonces también deberá pulsar lo antes posible la tecla configurada para «Incorrecto», por defecto la «X». Deje pasar las 10 frases de forma continuada.

El TSR valorará la media de sus tiempos de reacción. Cuando cometa algún error tendrá una penalización extra de 2 segundos, así que ¡cuidado! Si contesta con rapidez, y de forma certera, significa que su mente es capaz de procesar velozmente la información que lee.

Observe la relación existente entre las velocidades de lectura y de procesamiento mental, ya que si usted lee muy lentamente, tardará demasiado tiempo en empezar a procesar su información.

Realice la misma rutina general de trabajo.

Ejercicio EPM2

De modo similar, ahora tendrá que indicar si la frase que aparece, y que está compuesta por sustantivo + adjetivo, es correcta gramaticalmente o no.

Una vez más, realice la rutina general de trabajo.

Ejercicio EPM3

De modo similar, ahora tendrá que indicar si la frase que aparece, y que está compuesta por artículo + sustantivo + adjetivo, es correcta gramaticalmente o no.

Realice la rutina general de trabajo.

Ejercicio EVM1

La gama de entrenamientos «EVM» significa: «Entrenamiento de la Velocidad de Memorización», y el número que le sigue a continuación diferencia el tipo de ejercicio.

En este entrenamiento se trabaja la velocidad de memorización y la retentiva, y consiste en leer los nombres de las frutas que van apareciendo en pantalla.

Al terminar tendrá que responder a estas 2 preguntas:

1.ª ¿Qué fruta ha salido 2 veces?
2.ª ¿Qué fruta no ha salido?

Marque con el ratón la opción que considere correcta, y después compruebe el resultado con la tecla «Corregir».

Recomiendo alternar los ejercicios EVM1, EVM2, EVM3 y EVM4, de forma que lo mejor es hacer un par de intentos con cada uno de ellos en el nivel 1, luego en el nivel 2, y finalmente en el 3. De este modo evitaremos una saturación de datos que podría confundirnos con la información aparecida en intentos previos.

Ejercicio EVM2

De forma similar al anterior, en este ejercicio tendrá que leer los nombres de los meses del año que irán apareciendo en pantalla.

Al terminar tendrá que responder a estas 2 preguntas:

1.ª ¿Qué mes ha salido 2 veces?
2.ª ¿Qué mes no ha salido?

Marque con el ratón la opción que considere correcta, y después compruebe el resultado con la tecla «Corregir».

Recomiendo alternar los ejercicios EVM1, EVM2, EVM3 y EVM4, de forma que lo mejor es hacer un par de intentos con cada uno de ellos en el nivel 1, luego en el nivel 2, y finalmente en el 3. De este modo evitaremos una saturación de datos que podría confundirnos con la información aparecida en intentos previos.

Ejercicio EVM3

De forma similar al anterior, en este ejercicio tendrá que leer los nombres de los países que aparecen en la pantalla.

Al terminar tendrá que responder a estas 2 preguntas:

1.ª ¿Qué país ha salido 2 veces?
2.ª ¿Qué país no ha salido?

Marque con el ratón la opción que considere correcta, y después compruebe el resultado con la tecla «Corregir».

Recomiendo alternar los ejercicios EVM1, EVM2, EVM3 y EVM4, de forma que lo mejor es hacer un par de intentos con cada uno de ellos en el nivel 1, luego en el nivel 2, y finalmente en el 3. De este modo evitaremos una saturación de datos que podría confundirnos con la información aparecida en intentos previos.

Ejercicio EVM4

De forma similar al anterior, en este ejercicio tendrá que leer los nombres de pila que aparecen en la pantalla.

Al terminar tendrá que responder a estas 2 preguntas:

1.ª ¿Qué nombre ha salido 2 veces?
2.ª ¿Qué nombre no ha salido?

Marque con el ratón la opción que considere correcta, y después compruebe el resultado con la tecla «Corregir».

Recomiendo alternar los ejercicios EVM1, EVM2, EVM3 y EVM4, de forma que lo mejor es hacer un par de intentos con cada uno de ellos en el nivel 1, luego en el nivel 2, y finalmente en el 3. De este modo evitaremos una saturación de datos que podría confundirnos con la información aparecida en intentos previos.

Ejercicio EMD1

La gama de entrenamientos «EMD» significa: «Entrenamiento de la memoria eidética», y el número que sigue a continuación diferencia el tipo de ejercicio.

En este entrenamiento tendrá que tratar de memorizar los 2 números que fugazmente aparecen en pantalla.

Es fundamental que trate de ver todas las cifras al mismo tiempo, abriendo su campo de visión periférica tanto como le sea posible.

Realice la rutina general de trabajo haciendo 10 intentos en cada nivel.

* Cuando termine de entrenar esta prueba, realice algún intento extra con un nivel inferior para que pueda constatar su progreso, y sea consciente del aumento de velocidad de su percepción visual. Es bastante asombroso.

Ejercicio EMD2

En este caso tendrá que tratar de memorizar los 4 números que fugazmente aparecen en pantalla.

Es fundamental que trate de ver todas las cifras al mismo tiempo, abriendo su campo de visión periférica tanto como le sea posible.

Realice la rutina general de trabajo haciendo 10 intentos en cada nivel.

Ejercicio EMD3

En este caso tendrá que tratar de memorizar los 6 números que fugazmente aparecen en pantalla.

Es fundamental que trate de ver todas las cifras al mismo tiempo, abriendo su campo de visión periférica tanto como le sea posible.

Realice la rutina general de trabajo haciendo 10 intentos en cada nivel.

MUY IMPORTANTE: Este primer bloque de ejercicios no acaba aquí, sino que se complementa con los que vienen en los 3 capítulos siguientes hasta llegar al test n.º 1 en la página 153.

Observaciones sobre el primer bloque de ejercicios

Lectura en columna

Es conveniente empezar a utilizar la técnica de lectura fotográfica practicando con columnas compuestas por renglones muy cortos que puedan resolverse mediante una única fotografía visual, es decir, de forma similar a como aparecen escritas las noticias en los periódicos. Aunque, dicho sea de paso, también podremos practicar esta técnica leyendo prensa, esto será por lo general una actividad algo complicada, y no tan interesante como pudiese parecer a primera vista, al menos en nuestros inicios, puesto que los renglones suelen ser un poco más amplios de lo aconsejable, ya que al poseer una longitud aproximada de 7 palabras, rebasan el máximo tamaño que podemos resolver en una sola fotografía visual, que es de 6 palabras. Por el contrario, resolverlos en 2 fotos ya no sería una práctica de lectura en columna, y estaríamos haciendo una concesión despilfarrante para renglones que ahora resultarían demasiado cortos de leer con esa técnica. Deduzca de esto el lector la importancia que tiene el tamaño de los renglones para poder sacarle todo el partido a la lectura rápida (de su tamaño ideal ya hablaremos más adelante).

En los periódicos, los renglones están además justificados, por lo que los espacios en blanco que separan las palabras son demasiado extensos, agrandando de forma artificial su tamaño, y reduciendo la densidad de su información un promedio de 0,5 palabras por renglón. Esta reducción afectará de igual modo a la velocidad de procesamiento de nuestra mente, al obligarla a procesar la información un 7% más lentamente de lo que correspondería si mantuviésemos un mejor equilibrio de su densidad:

Tamaño del renglón/Cantidad de información aportada

En otras palabras, cada uno de dichos renglones transmite 6,5 palabras de información, pero ocupando la misma extensión que si tuviese 7.

Que nadie saque de todo esto la conclusión de que no es bueno leer prensa, pues no tiene nada que ver con lo que estoy diciendo. Lo que sucede es que serían necesarias 2 fotos para resolver un renglón de 7 palabras, por lo que nuestra mente solo procesará 3,5 palabras por foto, pudiendo hacerlo con 6 con el mismo esfuerzo, obligándonos a una segunda foto por haber tan solo una palabra de excedente. Por esta razón, la prensa no será el medio más aconsejable para realizar las prácticas de lectura en columna.

No sé si este libro caerá en manos de algún director de periódico, pero si yo lo fuese, diseñaría las columnas facilitando que pudiesen ser leídas más fácil y rápidamente.

Bien, centrémonos en nuestras prácticas. Seguidamente vamos a realizar un trabajo similar al que ya hicimos con números en un capítulo anterior. En esta ocasión aprenderemos a leer columnas cuyos renglones estén formados por un mínimo de 2 palabras.

Por favor, preste atención a estas instrucciones:

Trate de ver **todo el renglón a la vez.** Concéntrese en realizar dichas fotos de forma completamente estática, haciendo una parada real, y evitando todo deslizamiento visual.

Fije su línea visual en la parte superior de las palabras.

Use un bolígrafo (o su dedo) como apoyo visual, señalando con él en la zona en blanco que hay justo debajo de cada renglón. Desplácelo de forma ágil y veloz, rozando el papel.

Tan pronto haya fotografiado un renglón, pase rápidamente al siguiente, tratando de aumentar su velocidad de lectura a medida que se vaya sintiendo cómodo con el ejercicio.

Coloque el libro totalmente recto, y lea en absoluto silencio, sin pronunciar nada. ¡Ni siquiera lo intente!

Ponga todo su empeño en hacerlo bien, porque si no borda algo tan sencillo como esto, me dejará en mal lugar, y aún no quiero empezar a discutir con usted. ¡Que lo disfrute!

Texto extraído del libro «Cuentos de la selva para los niños», de Horacio Quiroga.

La abeja haragana

Había una
vez en una
colmena
una abeja
que no
quería
trabajar,
es decir,
recorría los
árboles uno
por uno
para tomar
el jugo de
las flores,
pero en
vez de
conservarlo
para
convertirlo
en miel, se
lo tomaba
del todo.
Era, pues,
una abeja
haragana.
Todas las
mañanas,
apenas el sol
calentaba

el aire, la
abejita se
asomaba a
la puerta de
la colmena,
veía que
hacía buen
tiempo, se
peinaba con
las patas,
como hacen
las moscas,
y echaba
entonces a
volar, muy
contenta del
lindo día.
Zumbaba
muerta de
gusto de flor
en flor,
entraba en
la colmena,
volvía a salir,
y así se lo
pasaba todo
el día mientras
las otras
abejas se
mataban
trabajando
para llenar
la colmena
de miel,
porque la

miel es el
alimento de
las abejas
recién nacidas.
Como las
abejas son
muy serias,
comenzaron
a disgustarse
con el
proocdcr dc
la hermana
haragana.
En la puerta
de las
colmenas hay
siempre unas
cuantas abejas
que están de
guardia para
cuidar que no
entren bichos
en la colmena.
Estas abejas
suelen ser
muy viejas,
con gran
experiencia
de la vida,
y tienen el
lomo pelado
porque han
perdido todos
los pelos de
rozar contra

la puerta de
la colmena.
Un día, pues,
detuvieron a
la abeja
haragana
cuando iba a
entrar, diciéndole:
«Compañera:
es necesario
que trabajes,
porque todas
las abejas
debemos
trabajar».
La abejita
contestó:
«Yo ando
todo el día
volando y me
canso mucho».
«No es cuestión
de que te
canses mucho
-respondieron,
sino de que
trabajes un
poco. Es
la primera
advertencia
que te
hacemos.»
Y diciendo
así la dejaron
pasar.

Pero la abeja
haragana no
se corregía.
De modo
que a la tarde
siguiente
las abejas
que estaban
de guardia
le dijeron:
«Hay que
trabajar,
hermana».
Y ella
respondió
enseguida:
«¡No es
cuestión de
que lo hagas
uno de
estos días
-le respondieron-,
sino mañana
mismo.
Acuérdate de
esto».
Y la dejaron
pasar.
Al anochecer
siguiente se
repitió la
misma cosa.
Antes de que
le dijeran
nada, la

abejita
exclamó:
«¡Sí, sí,
hermanas!
¡Ya me
acuerdo de
lo que he
prometido!».
«No es
cuestión de
que te
acuerdes
de lo prometido
-le respondieron-,
sino de que
trabajes.
Hoy es 19
de abril.
Pues bien,
trata de
que mañana,
20, hayas
traído una
gota siquiera
de miel.
Y ahora, pasa.»
Y diciendo
esto, se
apartaron
para dejarla
entrar.

Bien, ¿ya terminó?

Pues ahora necesito que lea el texto otras 2 ó 3 veces seguidas, para que se sienta cómodo con él y pueda centrarse mucho más en la técnica de lectura que en el contenido. De esta forma conseguirá emplearla cada vez con mayor precisión, y pronto llegará a hacerlo de forma totalmente automática.

Si encuentra alguna dificultad con el ejercicio, vaya al capítulo donde tratamos los errores más frecuentes en el aprendizaje de la técnica de lectura rápida en la página 209.

* * *

A continuación vuelva a leer la misma columna anterior, pero esta vez apoyándose en el metrónomo de su TSR. Para ello, abra el programa y seleccione el ejercicio «EL5», Nivel 1, el cual le proporcionará una velocidad de 180 ppm.

* Atención: Lea nuevamente la columna de este libro, no la que aparecerá en la pantalla de su TSR.

Según se vaya encontrando cómodo con el ejercicio, o sea, enseguida, tendría que empezar a sentir que la velocidad inicial de 180 ppm es excesivamente lenta. Haga entonces alguna prueba más leyendo a 210 ppm (nivel 2) y a 240 (nivel 3). Será también un excelente ejercicio para desarrollar la agilidad y precisión de sus ojos.

Recuerde que el empleo del apoyo visual es esencial, ya que facilitará que su ojo realice la foto de forma más estática, rápida, rítmica y precisa. Tenga también en cuenta que, a medida que suba la velocidad del metrónomo, su apoyo visual deberá ir desplazándose por la columna de forma mucho más veloz, pasando de un renglón a otro sin apenas perder un instante en el desplazamiento. De este modo podrá emplear prácticamente todo el tiempo que media entre cada golpe del metrónomo para realizar la parada fotográfica de lectura, y así no lo desperdiciará en los desplazamientos que tiene que realizar para cambiar de renglón.

* * *

En esta nueva práctica ampliaremos el tamaño de los renglones a 3 palabras.

Igual a como hicimos en el caso anterior, lo primero que tendrá que hacer será leer el texto un par de veces sin el metrónomo, a un ritmo libre con el que se sienta cómodo.

Antes de empezar, repase bien todos los consejos explicados con anterioridad, aunque le voy a recalcar uno especialmente:

Haga una **parada real en cada renglón**.

Esfuércese en cumplir este consejo a rajatabla, evitando pasar de un reglón a otro sin haber fotografiado de forma rápida, pero completamente estática, sin derrapes ni movimiento alguno, el renglón en cuestión. ¡Que lo disfrute!

Texto extraído del libro «Cuentos de la selva para los niños», de Horacio Quiroga.

Historia de dos cachorros de coatí

Había una vez un
coatí que tenía
tres hijos. Vivían
en el monte
comiendo frutas,
raíces y huevos
de pajaritos.
Cuando estaban
arriba en los
árboles y sentían
un gran ruido, se
tiraban al suelo
de cabeza y
salían corriendo
con la cola
levantada.
Una vez que los
coaticitos fueron
un poco grandes,
su madre los
reunió un día
arriba de un
naranjo y les
habló así:
«Coaticitos:
ustedes son
bastante grandes
para buscarse
la comida solos.

Deben aprenderlo,
porque cuando
sean viejos
andarán siempre
solos, como todos
los coatís.
El mayor de
ustedes, que es
muy amigo de
cazar cascarudos,
puede encontrarlos
entre los palos
podridos, porque
allí hay muchos
cascarudos y
cucarachas.
El segundo, que
es gran comedor
de frutas, puede
encontrarlas en
este naranjal;
hasta diciembre
habrá naranjas.
El tercero, que
no quiere comer
sino huevos de
pájaros, puede ir
a todas partes,
porque en todas
partes hay nidos
de pájaros. Pero
que no vaya
nunca a buscar
nidos al campo,
porque es peligroso.

Coaticitos: hay una
sola cosa a la cual
deben tener gran
miedo. Son los
perros. Yo peleé
una vez con ellos,
y sé lo que les digo;
por eso tengo un
diente roto.
Detrás de los perros
vienen siempre los
hombres con un
gran ruido, que mata.
Cuando oigan cerca
este ruido, tírense
de cabeza al
suelo, por alto
que sea el árbol.
Si no lo hacen
así los matarán
con seguridad
de un tiro».
Así habló la madre.
Todos se bajaron
entonces y se
separaron,
caminando de
derecha a
izquierda y de
izquierda a
derecha, como si
hubieran perdido
algo, porque así
caminan los coatís.
El mayor, que

quería comer
cascarudos, buscó
entre los palos
podridos y las
hojas de los yuyos,
y encontró tantos,
que comió hasta
quedarse dormido.
El segundo, que
prefería las frutas
a cualquier cosa,
comió cuantas
naranjas quiso,
porque aquel
naranjal estaba
dentro del monte,
y ningún hombre
vino a incomodarlo.
El tercero, que
era loco por los
huevos de pájaro,
tuvo que andar
todo el día
para encontrar
únicamente
dos nidos.

A continuación vuelva a leer la misma columna anterior, pero apoyándose una vez más en el metrónomo de su TSR. Para ello, abra el programa y seleccione el ejercicio «EL6», Nivel 1, el cual le proporcionará una velocidad de 270 ppm.

* Atención: Lea nuevamente la columna de este libro, no la que aparecerá en la pantalla de su TSR.

Según se vaya encontrando cómodo con el ejercicio, o sea, enseguida, tendría que empezar a sentir que la velocidad inicial de 270 ppm es excesivamente lenta. Haga entonces alguna prueba más leyendo a 315 ppm (nivel 2) y a 360 (nivel 3).

* * *

Habrá observado que estamos practicando con textos de lectura sencilla. Obviamente tiene que ser así, pues no podemos arriesgarnos a tener problemas de comprensión que no harían sino frenar nuestra técnica y paralizar nuestro aprendizaje. Recuerde que la técnica de lectura **ha de ser siempre la misma,** independientemente del tipo de información que esté leyendo.

Por otra parte, si es la primera vez que lee algo y no lo comprende, sin duda tendrá que leerlo más despacio, o incluso detenerse para tratar de razonarlo, pero eso no significa que deba entonces cambiar de técnica y volver a leer de izquierda a derecha. Muy al contrario, siempre tendrá que respetarla y leer fotografiando con sus ojos grupos de palabras.

Del mismo modo que cuando ve una película en el cine no analiza conscientemente cada una de sus escenas, sino que se percata de la información global, al leer rápido es fundamental no tratar de analizar punto por punto todo lo que está leyendo, pues eso activaría su consciente y disminuiría su velocidad de lectura. Simplemente con tener su mente «presente» debería captar y procesar toda la información. Para ello, relájese y trate de concentrarse en la idea general del texto, pero a la vez sin pensar demasiado en lo que está leyendo.

Llegados a este punto del curso, le voy a recomendar que, al menos durante los próximos 3 ó 4 días, también incluya en su primer bloque de entrenamientos la lectura en columna. Para ello, realice estos ejercicios:

Ejercicio EL3

La gama de entrenamientos «EL» significa: «Entrenamiento de la Lectura», y el número que sigue a continuación diferencia el tipo de ejercicio.

En este ejercicio tendrá que utilizar su TSR para leer un texto formado por frases de solo 2 palabras.

Será muy sencillo porque no tendrá que mover los ojos para nada, ya que todas las frases siempre aparecerán en el mismo sitio de la pantalla.

Rutina diaria de entrenamiento para el ejercicio «EL3»

- Empiece por el nivel 1, y a medida que vaya progresando y sintiéndose cómodo, suba la dificultad hasta el nivel 2, y luego hasta el 3. No podrá pasar de ese nivel en esta primera fase de entrenamientos.
- Realice todas las prácticas que necesite hasta que se sienta realmente cómodo con ellas. No tenga ninguna prisa. Piense que la velocidad en la ejecución de la técnica es importante, pero es mejor trabajarla cuando esta se domine lo suficientemente bien.
- También puede practicar con otros textos diferentes al que trae el TSR por defecto. Cargue para ello cualquier texto tipo «txt», es decir, el empleado por el bloc de notas.
- Cuando lleve 2 ó 3 minutos de práctica, continúe con el ejercicio que viene a continuación.

Ejercicio EL4

En este ejercicio tendrá que utilizar su TSR para leer un texto formado por frases de 3 palabras.

Será muy sencillo porque no tendrá que mover los ojos para nada, ya que todas las frases siempre aparecerán en el mismo sitio.

Para este ejercicio es válida la misma rutina que le establecí en el ejercicio anterior.

Quizá necesite unos cuantos días, o quizás unos minutos, pero insisto, no tenga prisa y concéntrese en realizar los ejercicios con la mejor técnica posible. Esto es lo que realmente importa.

Le recuerdo que puede practicar con otros textos diferentes.

Cuando lleve 2 ó 3 minutos de práctica, continúe el ejercicio que viene a continuación.

Ejercicio EL5

En este ejercicio tendrá que utilizar su TSR para leer una columna formada por frases de 2 palabras.

El metrónomo le irá marcando la velocidad a la que tiene que ir leyendo, así, cada golpe del metrónomo le indicará cuando debe cambiar de renglón. Pruebe a leer también desconectándolo.

Para este ejercicio es válida la misma rutina que le establecí en el ejercicio «EL3».

Cuando lleve 2 ó 3 minutos de práctica, continúe el ejercicio que viene a continuación.

Ejercicio EL6

En este ejercicio tendrá que utilizar su TSR para leer una columna formada por frases de 3 palabras.

El metrónomo le irá marcando nuevamente la velocidad a la que tiene que ir leyendo. Pruebe a leer también desconectándolo.

Para este ejercicio es válida la misma rutina que le establecí en el ejercicio «EL3».

* Le recomiendo que en los próximos días practique estos 4 ejercicios alternándolos un poco a su conveniencia, unos 8 ó 10 minutos diarios.

Leyendo a 3 fotos por renglón

UNA vez hemos aprendido a leer columnas, para poder trabajar la verdadera técnica de lectura tendremos que hacer lo propio con renglones más amplios, pues así serán los que nos encontremos siempre que estemos leyendo algo que no sea un periódico.

Es evidente que la mayoría de las veces leeremos una información cuyo formato ya esté establecido, y por tanto no podremos modificarlo en absoluto, tal y como sucede con los libros, pero otras veces sí que podremos y deberemos cambiarlo, ajustándolo a otro formato distinto que nos permita obtener el máximo rendimiento leyendo, que es aquel cuyos renglones no están justificados y se componen de 12 palabras tamaño «como» escritas en Arial 12.

Para poder resolver estos renglones ideales en 3 fotos, tendremos que captar una media de 4 palabras en cada una de ellas. Al referirme a realizar una foto, recuerdo una vez más al lector que estoy hablando de mirar simultáneamente un grupo de palabras mediante una breve parada visual.

Lo más importante ahora es saber en qué partes concretas del renglón tenemos que realizar dichas paradas. Tres fotos son una «gran cantidad de fotos», por eso, con solo ubicarlas medio bien, es decir, en el lugar donde más o menos corresponde, tendríamos que ir ciertamente muy sobrados y no experimentar ningún tipo de dificultad.

Así pues, tendremos que realizar la primera foto en el primer tercio del renglón, la segunda en el tercio central, y la tercera en el último tercio. ¿A que esperaba algo así?

Observe los asteriscos del siguiente par de renglones:

El proyectil*debía ser llenado*hasta la altura de*tres pies con
una capa de*agua destinada*a soportar un disco*de madera

Esto significa que tenemos que apuntar con los ojos a cada uno de los asteriscos, pero abriendo horizontalmente nuestro campo de visión periférica. De este modo, usted no debe mirar dicho asterisco, ni siquiera tratar de verlo, sino captar todo lo que hay a su izquierda y a su derecha al mismo tiempo. Amplíe su campo de visión lateral tanto como pueda.

El proyectil debía ser	llenado hasta la altura	de tres pies con
una capa de agua	destinada a soportar un	disco de madera

El tamaño de estas zonas visuales no está claramente definido, y tampoco se le ocurra limitarlo en modo alguno. Muy al contrario, le insisto una vez más en que trate de ampliar su campo de visión lo máximo posible, aunque se solapen las fotos entre sí.

Por otra parte, creo que ambos coincidiremos en el hecho de que usted no va a ir necesariamente cerrando los ojos entre foto y foto, claro está. Por esta razón sucede que, mientras saltamos con los ojos hacia la derecha en busca de la siguiente parada fotográfica, aunque nuestros ojos estén en movimiento no podremos evitar «pillar» la información que sea fronteriza entre dos zonas visuales consecutivas, es decir, captaremos aquellas palabras que estén «entre fotos».

¿Cuáles son las palabras que están entre fotos? Pues son, aproximadamente, las resaltadas en negrita:

El proyectil debía **ser**	llenado hasta la altura	**de** tres pies con
una capa de **agua**	destinada a soportar un	**disco** de madera

Las palabras entre fotos tienen en común su similar posición dentro del renglón, pero tenga en cuenta que nunca aparecerán identificadas con precisión, ni falta que nos hace.

En realidad me estoy refiriendo a aquellas palabras que por su ubicación no pertenecen claramente a una zona fotográfica en concreto, pero que en ningún caso podríamos evitar leer, puesto que si no se llegasen a enmarcar en ninguna de ellas, siempre aparecerían como palabras situadas entre fotos, y serían leídas aun coincidiendo con un salto. Piense que los límites para cada foto no están perfectamente definidos, y siempre pillaremos algo de información de otras zonas fotográficas contiguas cuyas palabras tendrían que formar parte, teóricamente, de otra foto distinta. Además tampoco cerraremos los ojos a propósito, por lo que será inevitable captar información también en los saltos, es decir, cuando nuestros ojos «vuelen por el aire».

Este recurso constituye una herramienta técnica muy eficaz, especialmente para aquellos que hayan desarrollado su memoria eidética lo suficiente, pues podrán permitirse leer renglones más amplios gracias a incluir un buen número de palabras entre fotos, aumentando con ello la velocidad final de lectura al no tener que incrementar el número de fotos para resolverlos.

Cuando una persona desarrolla su memoria eidética, no solo puede captar más fácilmente aquellas palabras que estén entre fotos, sino que también realiza cada foto más rápidamente, ya que necesita un tiempo de exposición mucho menor para ello, lo que supone un aumento de su frecuencia fotográfica. Sería similar a un velocista de élite que corriese una carrera de 100 metros con una zancada más amplia que los demás atletas, y encima dando más pasos por segundo. La velocidad de las fotos y de los saltos puede llegar a ser tan grande que quizá el lector llegue a tener a veces la sensación de que vuelve a leer de izquierda a derecha, aunque no sea así.

Por otra parte suele suceder que las palabras entre fotos son captadas por triplicado, esto es, no solo en el salto, también en las dos fotos que limitan, llegando así el lector a leerlas tres veces. Por esta razón, las palabras que se encuentran en los límites de cada foto constituyen el texto «menos importante» del renglón, puesto que inevitablemente será el que más veces leeremos aunque no queramos.

A tenor de lo que acabamos de ver, con el fin de obtener el máximo rendimiento tendremos que desplazar las dos fotos de los extremos (primera y tercera) un poquito hacia el exterior del renglón, para poder facilitar así la aparición de palabras entre fotos. De este modo, el asterisco que marca el punto central del globo visual, quedaría mejor situado si lo ubicásemos en los siguientes lugares:

El pro*yectil debía ser llenado*hasta la altura de tres*pies con una ca*pa de agua destinada*a soportar un disco de*madera

Las fotos serán ahora más sencillas de resolver gracias a agrupar un menor número de palabras:

El proyectil debía| ser |llenado hasta la altura| de |tres pies con| una capa de| agua |destinada a soportar un| disco |de madera|

No se preocupe, ni mucho menos, por la aparente complejidad de estos matices que estamos viendo. Realmente los hago porque no trato de explicarle una técnica de lectura superficial, creo que eso lo puede hacer cualquiera, sino porque vengo del mundo de la competición más elitista, donde hasta los más mínimos detalles cobran una vital importancia.

Bueno, relájese un poco ahora...

¿Cómo cree usted que podría memorizar tan rápidamente si fuese incapaz de leer la información con absoluta nitidez y con mayor velocidad aún?

Por ejemplo, puedo memorizar en 0,5 segundos, con total facilidad, un número binario de este tamaño:

$$0\ 1\ 1\ 0\ 1\ 1\ 0\ 0\ 1\ 0\ 0\ 1\ 0\ 1\ 1\ 0\ 1$$
$$1\ 0\ 0\ 1\ 1\ 0\ 1\ 0\ 0\ 1\ 0\ 0\ 0\ 1\ 1\ 0\ 1$$

Aunque necesite ese tiempo para memorizarlo, soy capaz de leerlo perfectamente en 0,2 segundos, ya que leyendo siempre se desarrolla una mayor velocidad que memorizando. De este modo podemos deducir que leer a gran velocidad no está reñido con la comprensión ni con la memorización, sino que encima la facilita, (siempre que se trate de una técnica de lectura suficientemente entrenada, claro está).

En el mundo de la competición siempre estamos tratando de llegar un poco más lejos, y uno de mis mayores deseos es que todos los seguidores de mis técnicas (obviamente parecidas a las de otros autores predecesores míos, pero en ningún caso iguales, ni en forma ni en entrenamiento) estén siempre un paso por delante de los demás.

Así pues, con este curso pretendo que el lector no tenga puntos débiles y que su mejora no se limite a la que simplemente obtendría aplicando una técnica cualquiera. Es cierto que con una buena técnica se puede mejorar, pero para obtener el máximo rendimiento, dicha técnica tiene que ser complementada con un entrenamiento que también le permita desarrollar otras capacidades necesarias para multiplicar y consolidar realmente sus velocidades de lectura, de procesamiento mental y de memorización.

Si conseguimos esto (mejor dicho, cuando lo consigamos) será un éxito para ambos, y eso es precisamente lo que busco. Nuestro objetivo común es que usted mejore lo más posible, pues estamos en un mismo equipo. Si gana, yo gano, y no sé a usted, pero a mí me encanta ganar.

Bueno, ya nos hemos relajado un poquito con este rato de charla. Volvamos ahora al tema que nos ocupa.

Veamos, si usted necesitase medio segundo para realizar una foto y pasar a la siguiente, ¿cuánto tiempo tardaría en leer el renglón que sigue a continuación?

El proyectil debía ser | llenado hasta la altura | de tres pies con

Pues tardaría exactamente un segundo y medio, puesto que tendría que realizar 3 fotos, y 3 x 0,5 = 1,5 (las matemáticas siempre han sido mi punto fuerte). Por otra parte, como el renglón tiene 12 palabras, estaría leyendo entonces a una velocidad de 8 palabras por segundo, o lo que es lo mismo, a 480 pal/min, aproximadamente al doble de velocidad a la que lo hace un estudiante universitario medio.

¿Y qué sucedería ahora si pudiese realizar esas fotos en la mitad de tiempo que en el supuesto anterior? Pues que estaría leyendo dos veces más deprisa, a la muy respetable velocidad de 960 pal/min, o lo que es lo mismo, cuando un universitario hubiese terminado de leer un libro, usted ya habría leído 4. Si quiere otro ejemplo comparativo, aquí va: todo lo que ese estudiante universitario avanzase en 4 años, usted lo podría hacer en uno solo y dedicar los otros 3 a irse de vacaciones, ¿es correcto? ¿Se imagina hacer una carrera universitaria de 5 años en 1 año y 3 meses? Esta gran reducción de tiempo sería gracias a la lectura rápida exclusivamente, pero aún podría ser mucho mayor si también fuese acompañada de unas técnicas de estudio altamente eficaces.

Bueno, bueno, relájese. No crea que todo es color de rosa. Sucede que por mucho que usted lea, el tiempo de exposición para cada foto apenas lo podrá reducir. De este modo, cuando posea una gran técnica de lectura, su velocidad fotográfica apenas habrá aumentado un poco en este sentido, y pronto se estancará de forma definitiva. Por esta razón surge la necesidad de entrenar y de invertir un tiempo extra que luego recuperará con creces.

Mucha gente admira o envidia a otras personas por la capacidad que demuestran para realizar ciertas proezas, pero no se paran a pensar sobre el tiempo y esfuerzo que han invertido para adquirirla. Si usted no está dispuesto a entrenar un poquito, lo mejor sería que dejase este curso, pues el entrenamiento es una parte importantísima que hace a mi método diferente de los demás, y este curso se le quedaría muy grande y complejo. En tal caso le bastaría con leer alguna técnica más sencilla de cualquier otro autor que vaya directamente al grano. Eso sí, su mejoría, en caso de producirse, también sería más sencilla, y tan débil que lo más probable es que volviese a leer de izquierda a derecha pasados unos días. Por el contrario, si usted se lanza a por todas y completa este curso tal y como está concebido, entonces hablaremos de mejora con letras mayúsculas. Se le abrirán las puertas a otra dimensión que nada tiene que ver con la actual.

Los excelentes resultados que siempre he obtenido en las competiciones están empezando a atraer a la ciencia. Agradezco desde aquí a mi querido amigo, el profesor y científico Manuel Loeches su importante aporte con los resultados del experimento de percepción al que fue sometido mi cerebro en marzo de 2009. Sucedió algo que yo no podía imaginar. ¡Vaya, parece ser que veo aparecer las cosas antes que los demás, y eso me reporta ciertas ventajas a la hora de leer y memorizar rápido! No, si al final habrá algún competidor que me llame «ventajista».

Supongo entonces que tengo cierta ventaja cuando empiezo a memorizar una información que los demás competidores aún no han visto, pero ¿por qué sucede esto?

Al margen de lo que opine la ciencia sobre cuestiones innatas, solo puedo decir que he desarrollado novedosas técnicas de trabajo, cuya eficacia también ha sido sobradamente acreditada por los memorizadores más rápidos del mundo, por mis alumnos. También he diseñado entrenamientos que estoy seguro han repercutido en saturar el caudal de información que recorre mi nervio óptico y llega al cerebro, donde también, dicho sea de paso, se ha constatado que entran en juego un mayor número de neuronas que además trabajan de forma más rápida y efectiva, generando un voltaje y una potencia superior.

Si esto ha sido en parte el resultado de algún tipo de hipertrofia neuronal al tratar mi cerebro de digerir todo el caudal y presión de la información que le iba haciendo llegar, solo la ciencia podrá confirmarlo algún día, pero claro, eso solo será posible siempre que se desee continuar con esta línea de investigación abierta (actualmente parada por falta de fondos). En cualquier caso, nos encontramos, sin ningún género de duda, ante lo que supone una importantísima fuente de interés en la lucha contra el alzhéimer y otras enfermedades degenerativas de nuestro cerebro.

Para terminar este capítulo, considere que leer un renglón haciendo 3 fotos no es ni mucho menos el límite de su capacidad fotográfica. De hecho, si utiliza suficientemente su campo de visión lateral, las fotos que realice se irán solapando entre sí, pues en cada una de ellas irá captando cierta información extra perteneciente a otra zona visual contigua.

Por esta razón se hace aconsejable trabajar para aumentar la amplitud lectora hasta poder resolver un renglón ideal en 2 fotos, pero esto será tema del próximo capítulo. Ahora le dejo con las prácticas y entrenamientos correspondientes a la lectura de renglones en 3 saltos.

Ejercicio EL7

Dejemos ahora la lectura en columna (siempre que le haya dedicado un mínimo de 3 ó 4 días), y pasemos a hacer prácticas con este nuevo e importantísimo entrenamiento de lectura guiada, en el que tendrá que resolver cada renglón en 3 fotos.

Al ritmo del metrónomo, un par de puntitos de color (guías) darán dos saltos hacia la derecha, dividiendo el renglón en 3 zonas visuales. Usted tiene que tratar de leer haciendo una foto en cada zona. Las guías le ayudarán a que abra su campo de visión lo suficiente para ello.

Observe que en la pestaña «Configuración» podrá seleccionar el tamaño y color de las guías. Realice diversas pruebas hasta sentirse cómodo con ellas. Al principio es conveniente que sean más grandes y vistosas, y que se limite simplemente a seguirlas, sin leer el texto. Las guías constituirán un excelente apoyo visual para ayudarle a mejorar la técnica de lectura, y también la agilidad y precisión de sus ojos.

Cuando tenga una desenvoltura importante, trate de leer sin prestarles atención. Para ello seleccione un segundo color que sea menos visible que el primero, de forma que cuando las guías cambien, usted haya cogido cierto automatismo y entonces le sea más sencillo soltarse a leer sin preocuparse por ellas.

Luego, pruebe a quitarlas completamente (seleccione «nunca» en la pestaña «configuración»). De este modo, lea siguiendo solamente el ritmo del metrónomo. Después quítelo también pinchando en su icono.

Rutina diaria de entrenamiento para el ejercicio «EL7»

- Empiece por el nivel 1, y a medida que vaya progresando y sintiéndose cómodo, suba la dificultad hasta el nivel 2, y luego hasta el 3. No podrá pasar de ese nivel en esta primera fase de entrenamientos.
- Prepare sus propios textos para enriquecer sus prácticas.
- Le recomiendo que entrene con su TSR unos 10 minutos diarios haciendo muchas pruebas, y probando configuraciones distintas, colores, tamaño, número de renglones que quiere que aparezca cada tipo de guía, etc.
- En lo sucesivo use esta técnica fotográfica siempre que tenga que leer algo.

Leyendo a 2 fotos por renglón

LEER realizando 2 fotos por cada renglón tiene que ser nuestro próximo objetivo final. Las ventajas que presenta esta técnica respecto a la lectura en tres fotos son muy considerables. Entre ellas cabe destacar las siguientes:

1.ª Mayor velocidad de lectura gracias al agrupamiento de más palabras por foto. En concreto, la velocidad de lectura podría aumentar hasta casi en un 50%, dado que se trata de una relación 2 a 3.

2.ª Mejor comprensión del texto, al entender antes y mejor la idea principal y sus secundarias.

3.ª Mayor concentración, pues esta va en relación directa con la velocidad de lectura, con la comprensión y con el disfrute de la actividad, que sin duda ahora será más gratificante.

4.ª Mayor velocidad de procesamiento mental una vez esa velocidad superior se haya consolidado.

Para que la ganancia de velocidad que se obtiene al leer cada renglón en dos fotos sea directamente proporcional a la velocidad que desarrollábamos al leerlos en 3, será necesario mantener la misma frecuencia fotográfica, es decir, hay que mantener el ritmo. Bien es cierto que al principio, dicha frecuencia será lógicamente algo menor, pues tendremos que trabajar con zonas visuales más amplias y, por tanto, más dificultosas. Además supondrá un incremento en la cantidad de información que recibimos, el cual tendrá que llevar aparejado otro aumento similar en nuestra velocidad de procesamiento mental si no queremos quedarnos desconectados de lo que vamos leyendo. En cualquier caso, con la suficiente práctica y entrenamiento, nuestra frecuencia fotográfica para resolver los renglones en 2 fotos debería llegar a ser prácticamente la misma que para hacerlo en 3.

5.ª Seguimiento mecánico más sencillo. ¿Qué significa esto? Piense el lector en el limpiaparabrisas de un automóvil. Cuando leemos a dos saltos por renglón, en cierto modo nos parecemos a ese limpiaparabrisas funcionando. Tanto si realizamos los apoyos visuales mediante un bolígrafo como si los hacemos con nuestro dedo, el efecto resultante será el de un vaivén compuesto por un movimiento pendular muy fácil de llevar a cabo. Por el contrario, el lector que hace tres fotos por renglón tiene que realizar un leve juego de muñeca para llegar el tercero de ellos, movimiento este que tenderá a deformar un poquito la linealidad de los dos anteriores.

6.ª Un mejor automatismo.

Al ser el movimiento pendular anterior más natural, también se automatizará con mayor rapidez, lo que posibilitará un aprendizaje mecánico más sencillo, o al menos con menos trabas. Leyendo en 3 fotos, subconscientemente se hace un pequeño esfuerzo para alinear todas las fotos y saltos de cada renglón, dado que es más difícil mantener una línea recta haciendo tres apoyos que haciendo dos.

En resumen, desde el punto de vista mecánico que concierne al movimiento de la mano, leer realizando 3 fotos por renglón será un poquito más difícil que hacerlo en 2, pero aún con todo, estas ventajas son mínimas, lo que significa que, obligatoriamente, tendremos que empezar nuestro aprendizaje leyendo en tres fotos por ser bastante más asequible en general.

Pensemos también que la mejora de la velocidad de lectura tiene que ser paralela al incremento de la velocidad de procesamiento mental, y esta tendrá que ser bastante mayor si pretendemos leer en 2 fotos por renglón. De ahí que no se trate únicamente de adquirir la técnica adecuada para leer más deprisa, sino también de entrenar y mejorar nuestra capacidad mental para poder procesar más rápidamente, y eso requiere un tiempo y una progresividad en la dificultad de nuestras prácticas, pues en caso contrario no conseguiríamos unos resultados satisfactorios.

Pasemos ahora a las prácticas que requiere la lectura de 2 fotos por renglón.

Ejercicio EL8

Ejercicio de lectura guiada en el que tendrá que resolver cada renglón en 2 fotos.

Rutina diaria de entrenamiento para el ejercicio «EL8»

- Por favor, repita el mismo tipo de trabajo que hizo con el ejercicio «EL7» al final del capítulo anterior. Todo es exactamente igual, salvo que ahora leerá cada renglón en 2 fotos en vez de en 3.
- Recuerde preparar sus propios textos para enriquecer las prácticas.
- Le recomiendo que practique con su TSR unos 10 minutos diarios, alternando la lectura en 2 fotos con la lectura en 3. Cuando sea capaz de leer correctamente en 2 fotos, lea ya siempre empleando dicha técnica, pero mientras tanto mantenga esa alternancia todo el tiempo que necesite.
- Recuerde emplear esta técnica en lo sucesivo. Hágalo así siempre que tenga que leer algo.

Análisis de la lectura rápida

En este capítulo conoceremos a fondo cada uno de los factores que hacen posible la existencia de una técnica de lectura rápida y eficaz. Estos factores son los siguientes:

1.º Técnica de lectura propiamente dicha.
2.º Velocidad de crucero.
3.º Velocidad final de lectura (velocidad propiamente dicha).
4.º Velocidad de lectura máxima (puntas de velocidad).
5.º Velocidad de procesamiento mental.
6.º Velocidad de memorización.
7.º Retentiva.
8.º Velocidad de lectura óptima.
9.º Capacidad lectora.
10.º Factores psicológicos.

Casi todos estos los factores son en realidad distintos tipos de velocidades de trabajo.

1.º Técnica de lectura

Una sólida técnica de lectura nos aportará la base necesaria para conseguir el máximo rendimiento en este apasionante mundo, gracias a su utilización en las prácticas, en los entrenamientos, y en las constantes lecturas posteriores.

2.º Velocidad crucero de lectura

Vc. Es la velocidad que tendemos a mantener, o que queremos mantener, durante la lectura de un texto, aunque no fuésemos capaces de comprender nada de lo que estamos leyendo, ni de retener finalmente ninguna información de lo leído.

¿Para qué sirve entonces este valor si no influye en él ni la comprensión ni la retentiva? Piense el lector que un valor alto de Vc es el reflejo de la consolidación de una brillante técnica que nos permitirá desplazarnos por el texto a gran velocidad y de forma cómoda, proporcionándonos además una sólida base operacional provista de un gran margen de seguridad para trabajar eficazmente otras velocidades de lectura, y entrenar capacidades mentales complementarias.

De este modo, el lector que posea una Vc muy alta y eficaz, será capaz de:

a) Aplicarla para la lectura de cualquier texto, beneficiándose directamente de todas sus ventajas.

b) Habrá desarrollado una parte de su memoria eidética. Esta memoria nos permite captar nítidamente una información que solo haya sido vista en una fracción de segundo.

c) Tendrá una gran agilidad, precisión y coordinación en el movimiento de sus ojos.

d) Será poseedor de una importante velocidad mental de procesamiento de datos, y previsiblemente también de memorización.

e) Podrá realizar prácticas y entrenamientos superiores que le llevarán a perfeccionar otras capacidades mentales.

Para que el valor de Vc sea el máximo posible, habrá que cuidar también el formato del texto, tal y como ya dijimos. El mejor tipo de letra será la arial 12, y el tamaño ideal de los renglones será el compuesto por 12 palabras «como» escritas en Arial 12:

«como como como como como...» (12 veces).

Por supuesto, sobra decir que el valor de Vc será el mayor de todos si no tenemos en cuenta las breves puntas de velocidad que podamos conseguir en algún momento dado de la lectura.

También es obvio que será mejor cuanto mayor sea su valor, pero siempre que se trate de una lectura técnica, claro está. Como su valor tiende a infinito, teóricamente el valor de Vc podría llegar a ser tan alto que no tuviese ningún sentido. En este caso su utilidad se perdería por completo, y entonces ya no hablaríamos de lectura, sino a lo sumo de un simple y superficial ojeo de la información.

* Por favor, para poder movernos más ágilmente por el curso, trate usted de familiarizarse con todas las abreviaturas que aparecen en este capítulo. También le recomiendo que lea detenidamente el glosario de términos que figura al final del libro.

3.º Velocidad final de lectura

V. Es la velocidad media de lectura (o velocidad final) que hemos obtenido al terminar de leer un texto, es decir, el número resultante, en ppm, al que hemos estado leyendo de promedio, aunque no hubiésemos comprendido nada de lo leído ni hubiésemos retenido finalmente ninguna información.

Aclaremos que el valor de esta velocidad nunca va a coincidir exactamente con el de Vc, aunque obviamente serán parecidas. V siempre será algo menor.

4.º Velocidad máxima de lectura. Puntas de velocidad

Vx. Es la velocidad máxima de lectura que somos capaces de mantener durante al menos 10 segundos, pero conservando intacta toda nuestra técnica fotográfica. En otras palabras, son las puntas alcanzadas de velocidad real y comprensiva.

5.º Velocidad de procesamiento mental

Vp. Es la velocidad con la que opera nuestra mente para manejar los datos que percibe. Con referencia a la lectura, **Vpmax** es la máxima velocidad a la que somos capaces de leer manteniendo una sensación de total comprensión de todo lo que vamos leyendo, aunque al final no fuésemos capaces de retener nada de lo leído. Dicho de otro modo: es la máxima velocidad a la que somos capaces de ir siguiendo un texto sintiendo a la vez que lo vamos siguiendo.

La persona que posea una Vp alta habrá desarrollado la capacidad mental de la rapidez comprensiva, y será capaz de procesar fácilmente grandes cantidades de información que le lleguen a través de cualquier medio además del escrito, es decir, no solamente mientras lee, también mientras escucha, mientras ve imágenes, etc., pues su mente se habrá convertido en un procesador mucho más rápido y eficaz para todo. Así pues, una alta Vp nos permitirá comprender una información muy densa aunque la estemos recibiendo a gran velocidad.

Para procesar más rápidamente la información que leemos, también es fundamental adquirir una gran cantidad de vocabulario y ser capaz de usarlo fluidamente, para de este modo ganar en entendimiento y no estar constantemente frenados por la falta de comprensión. El mejor modo para ello es leer mucho, pero hay que hacerlo técnicamente, claro está, no de izquierda a derecha, esto ya debe ser historia. Este punto es evidente, porque si se carece del suficiente vocabulario y se desconoce el significado de muchas de las palabras que nos van apareciendo, difícilmente podremos procesar la información que nos transmite el texto. Este hecho aún será más obvio si nos encontramos ante lecturas de temas científicos o técnicos que contengan una gran cantidad de vocabulario específico.

Por otra parte, cuando leemos textos en los que el freno del vocabulario es inexistente o apenas representa una mínima limitación, como será la mayoría de las veces, la técnica de lectura se impone, y la velocidad de crucero aumentará claramente. Ahora sí que resulta necesario haber entrenado y desarrollado una buena Vp si queremos ir comprendiendo y asimilando toda la información a la misma velocidad a la que la vamos leyendo. Así pues, si queremos que nuestra velocidad de lectura nos sirva para algo, tendremos que ser capaces de procesar muchos más datos por segundo.

6.º Velocidad de memorización

Vm. En relación a la lectura, es la velocidad a la que estamos memorizando los datos que leemos. Unas Vc y Vp ideales nos permitirán obtener la máxima velocidad de memorización (**Vmmax**).

Este valor será el más pequeño de todos y, desde luego, también será por lo general el más importante, porque de nada nos serviría leer algo, aunque fuese con total comprensión, si al final no pudiésemos ser capaces de recordarlo.

Su valor no es necesariamente mejor cuanto más baja sea nuestra velocidad de crucero (Vc), sino que esta tiene que ser equilibrada, puesto que si es más baja de su valor ideal, nos faltará velocidad de enlace entre los datos y perderemos más fácilmente las ideas que nos transmite el texto; además tenderemos al aburrimiento y a la desconcentración. Por otra parte, el valor de Vm también será menor si estamos desarrollando una velocidad de crucero excesiva. Además, Vm puede cambiar sustancialmente dependiendo del tipo de información con la que nos enfrentemos, así como de la concentración y motivación que tengamos en esos momentos.

El lector que posea una Vm alta y eficaz ya contará de partida con una gran rapidez comprensiva (Vp) y, por supuesto, también será capaz de desarrollar una gran velocidad de crucero mientras esté leyendo. De este modo podrá memorizar de forma veloz toda la información que capte a través de cualquier medio además del escrito, por cualquiera de sus sentidos, pues su mente se habrá convertido en un procesador mucho más rápido y eficaz para todo.

Como el lector podrá comprobar fácilmente, la primera velocidad de lectura que hemos visto, la velocidad de crucero, incluye a la velocidad de procesamiento, que a su vez incluye a la de memorización:

$$Vc > Vp > Vm$$

Obsérvese la importancia que tiene convertir a nuestra mente en un procesador más rápido y eficiente, así como la gran e inseparable relación existente entre la lectura rápida y la memoria rápida. Pensemos que el simple hecho de leer rápido careciendo de la suficiente capacidad para memorizar rápidamente, no nos servirá absolutamente para nada y será un tiempo perdido, puesto que tras leer un texto apenas tendremos más conocimientos de los que teníamos antes de haber empezado a leerlo. Sería algo similar, y tan poco práctico, como poseer mucho dinero en una isla desierta, donde tuviésemos que vivir el resto de nuestros días, y donde nunca pudiésemos gastarlo.

A modo de ejemplo, y con el fin de ilustrar mejor las ventajas que conllevan un procesamiento mental más rápido y una alta velocidad de memorización, así como para demostrar también la gran e inseparable relación existente entre la velocidad de lectura y la de memorización, citaré mi participación en un torneo de memoria rápida celebrado en Valencia en el mes de diciembre de 2008. En este torneo memoricé 88 números binarios en 4 segundos, 8 dígitos más que mi récord del mundo establecido en 80 dígitos. Memorizar números binarios (ceros y unos) en 4 segundos es una de las 6 pruebas estándar existentes en las competiciones oficiales de memoria rápida.

Pues bien, para memorizar algo, lógicamente primero hay que ser capaz de leerlo, pero ¿qué sucede una vez has terminado de leer esa cantidad de números tratando de retenerlos? Imagínese el lector tratando de escribir a continuación en un papel, uno a uno, los 88 dígitos que forman la azarosa secuencia que acaba de visualizar en esos 4 segundos de tiempo. Se tarda bastante más tiempo en escribirlos que en memorizarlos, y mientras los va escribiendo no puede permitirse perder de la cabeza los números restantes que aún le faltan por anotar, sino que además tiene que ser capaz de mantenerlos «in mente» con total nitidez, ya que un solo error que cometa al escribirlos, y el intento será considerado nulo. Por otra parte, la más mínima duda o titubeo a la hora de anotar un número puede comprometer toda la información que aún tenga pendiente de escribir.

Aprovecho también este ejemplo para desmentir las creencias de quienes piensan que los lectores rápidos no leemos bien toda la información, que solo lo hacemos superficialmente, o bien que no nos enteramos de todo lo que leemos. Creo que gracias a ese ejemplo queda patente que sí la leemos toda, y además de forma totalmente nítida. También sirve para demostrar que se puede leer, procesar y memorizar a la vez, y todo ello a gran velocidad. De otro modo, ¿cómo íbamos si no a ser capaces de retener secuencias tan largas de números binarios, con el 100% de precisión, en tan poco tiempo? Pensemos además que dichas secuencias están compuestas a su vez por microsecuencias internas que poseen combinaciones de números muy parecidas entre sí, puesto que solo existen «unos» y «ceros», efecto este que eleva enormemente la posibilidad de confusión, y que exige, por tanto, una mayor nitidez en los procesos de lectura y de memorización.

Efectivamente, leer y memorizar secuencias de números binarios es mucho más difícil que leer y retener un texto formado por palabras, que además cuenta con la ventaja de que estas están interconectadas entre sí formando parte de una idea común, idea que a su vez está dentro un contexto lógico aún mayor. Las ideas generales, o los contextos lógicos, son desde luego inexistentes en las largas, azarosas y parecidas combinaciones binarias con las que tenemos que batallar los memorizadores. Por esta razón, creo que debe quedarle completamente claro al lector que, si en apenas unos segundos se pueden memorizar nítidamente complicadas secuencias formadas por docenas de números binarios, cuyo parecido exige una enorme precisión lectora y memorística, evidentemente se podrá llegar mucho más lejos leyendo palabras, infinitamente más distintas entre sí, y que encima están unidas mediante tramas lógicas de información.

La velocidad de memorización (**Vm**) posee, por tanto, el valor menor de cuantos influyen en una lectura rápida, eficaz y provechosa, y siempre será la parte más lenta de un proceso de estudio y aprendizaje, pero desde luego, también será la más importante, pues decide si el tiempo que hemos invertido anteriormente para leer nos servirá de algo, o si por el contrario habrá sido un tiempo perdido. Así, en mi caso necesito 4 segundos de tiempo para memorizar 88 dígitos binarios, pero me basta con poco más de 1 segundo para poder leerlos y procesar correctamente toda su información. Como puede apreciarse con este ejemplo, la velocidad de lectura es claramente superior, pero siempre que nos enfrentemos a una lectura de aprendizaje tendrá que estar supeditada a la de memorización.

A modo de ejercicio experimental, trate el lector de retener la frase y el número binario que aparecen a continuación, observándolos solo durante dos segundos. En ambos casos, el número de caracteres totales es el mismo:

La casa del bosque está situada junto a un río muy largo
10 0101 001 011011 1001 0101001 10101 1 00 010 110 10010

¿Qué información es más fácil de leer, de procesar y de memorizar?

Evidentemente, creo que todos estaremos de acuerdo en que es mucho más sencillo procesar y memorizar la frase que la secuencia binaria.

Para ser capaz de memorizar 30 números binarios en 1 segundo hay que ser capaz de leerlos con nitidez en aproximadamente 0,5 segundos, o lo que es lo mismo, hay que tener una velocidad de lectura de 60 binarios por segundo, dado que la relación media entre la velocidad de lectura y la de memorización sería en este caso de 2 a 1 aproximadamente.

Observe ahora con atención esta comparativa:

1010 1010 1010 1010 1010 1010 1010 10
como como como como como como como

En ella se puede observar que 30 números binarios equivalen en extensión a 7 palabras (recuerde el lector que usábamos la palabra «como» a modo de regla), lo cual quiere decir que el esfuerzo del ojo necesario para cubrir todo el campo de visión de cada renglón será idéntico en ambos casos, con independencia del tipo de información de que se trate.

La casa del bosque se halla cerca de aquí
como como como como como como como

Aunque la frase anterior está compuesta por 9 palabras, tras ser pasada por la criba de nuestro corrector de tamaño, quedará finalmente calibrada como si tuviese 7.

De este modo, si una persona fuese capaz de leer 7 palabras por segundo, debería poder hacer lo mismo con 30 números binarios, aunque no pudiese procesarlos, puesto que ocupan el mismo espacio físico:

El garaje de madera está bien construido
1010 1010 1010 1010 1010 1010 1010 10

Por otra parte, si alguien fuese capaz de memorizar (ya no de leer) 30 binarios en 1 segundo, sería porque su velocidad de lectura estaría en torno a los 60 binarios por segundo (30 x 2), como ya dijimos, o lo que es lo mismo, en torno a las 14 palabras por segundo.

Por este motivo, si alguien pretende memorizar 30 números binarios en 1 segundo, tendrá que ser capaz de desarrollar durante ese tiempo una velocidad de lectura de al menos 840 pal/min (14 x 60) y, por otra parte, también tendría que ser capaz de procesar la información binaria a esa misma velocidad, algo todavía bastante más complicado que la formada exclusivamente por palabras.

En la práctica hay un importante matiz que desvía considerablemente el valor de la velocidad requerida para memorizar durante tan corto espacio de tiempo, pues no es lo mismo estar leyendo un texto a una velocidad de crucero continua, que estar a la espera de ver aparecer súbitamente un número en la pantalla de un ordenador, donde el tiempo de reacción penaliza de media 0,2 segundos o un poquito más. Por esta razón, para una prueba de memorizar números binarios en 1 segundo, usted realmente dispondría de unas de 8/10 de segundo de tiempo efectivo, por lo que la velocidad de lectura requerida para ello sería aproximadamente un 25% mayor que la anunciada anteriormente, siendo finalmente necesarias unas 1.050 pal/min.

Desde luego que no hará falta mantener esa velocidad de lectura durante mucho tiempo, en realidad solo será necesario hacerlo durante 1 segundo escaso, pero durante ese valioso segundo, su mente estará procesando nada menos que el equivalente a 1.050 palabras por minuto, o medido en segundos, unas ¡18 palabras por segundo! ¿Le parece un buen entrenamiento para mejorar su velocidad de procesamiento?

De este modo, la lectura y memorización de números binarios, al estar estos compuestos por la mínima unidad de información posible, solo 2 caracteres (uno solo no tendría sentido, ¿verdad?), agilizarán su mente de forma considerable, pues no supondrán ningún freno en su comprensión. Además, dada la gran similitud que poseen sus secuencias, se requiere la adquisición de una gran velocidad-calidad en el procesamiento de su información para ser capaces de analizarlas y distinguirlas rápidamente, así como una gran precisión fotográfica para poder memorizarlos sin confundirlos.

Por otra parte, si usted piensa que es absolutamente imposible memorizar 30 números binarios en 1 segundo, le contestaré con mucho gusto que me siento orgulloso de haber formado a bastantes personas capaces de hacerlo, quienes además lo consideran bastante sencillo.

A todo esto me refiero cuando hablo de aumentar la velocidad de procesamiento y de memorización, a ser capaces de mantener de forma nítida en nuestra mente una información que haya sido leída rápidamente, incluso fugazmente, aunque se trate de algo tan complejo y confuso como tratar de memorizar docenas de números binarios.

Así pues, y retomando la teoría, las tres velocidades básicas de lectura son: **Vc**, **Vp** y **Vm**.

7.º Retentiva

Es el tiempo que somos capaces de mantener almacenada en nuestra mente, de forma nítida, voluntaria y controlada, una información previamente memorizada.

Debemos referirnos a este término como «capacidad de retentiva», y no como «velocidad de retentiva».

¡Cuidado! No es lo mismo retentiva que memorización. La retentiva es una consecuencia posterior, de forma que solamente se puede retener algo que ya haya sido memorizado, por eso, para hablar de retentiva tiene que haber existido previamente una memorización. Una persona con una gran velocidad de memorización podrá memorizar o almacenar rápidamente una información, pero si su retentiva no es alta, también la olvidará con rapidez.

La retentiva tampoco es lo mismo que la memoria, pues tiene que ver con la capacidad para almacenar voluntariamente, y de forma controlada, una información que va destinada a un fin en concreto, mientras que la memoria funciona de forma automática, y con frecuencia lo hace escapando a nuestro control y sin nuestro consentimiento.

8.º Velocidad óptima de lectura

VO. Salvo que estemos estudiando, normalmente no tendremos que memorizar lo que leemos. Muchas veces estaremos ante una simple lectura informativa, de repaso, de ocio, etc. Así pues, VO es la velocidad de lectura que nos permite optimizar nuestro tiempo en relación con el destino de la información que estemos leyendo. O dicho de otro modo: VO es la máxima velocidad a la que conseguiremos leer una información para cumplir a la perfección nuestro objetivo con ella.

VO es el valor más importante de todos, pues será el que nos indique la verdadera eficacia de nuestra rapidez de lectura. Por esta razón prefiero escribirlo con 2 letras mayúsculas.

Por ejemplo, para que un estudiante obtenga el máximo rendimiento posible, su VO tendrá que ser igual a su velocidad de memorización:

$$VO = Vm$$

Es interesante aclarar que en todo momento estamos hablando de lectura rápida; por tanto, VO nos permite obtener el máximo rendimiento según nuestra técnica, según nuestra capacidad y según lo que queramos hacer después con la información que estemos leyendo, pero en cualquier caso, vuelvo a insistir en que estamos ante una velocidad máxima. Si alguien desea leer un libro a una velocidad especialmente lenta, está en su derecho de hacerlo, pero nunca estará leyendo con ningún tipo de VO, puesto que habrá descartado el factor tiempo. Por este motivo ya no podríamos hablar de lectura rápida, sino de una lectura recreativa.

Así pues, VO dependerá principalmente de nuestra técnica de lectura, de nuestra velocidad crucero (Vc), de nuestra velocidad de procesamiento

(Vp), de nuestra velocidad de memorización (Vm), del tipo de texto en cuestión y de nuestras pretensiones con él, pero además también dependerá de otros factores psicológicos, tal y como enseguida veremos.

Es evidente que no siempre podremos leer con nuestra VO. A decir verdad, nunca la conseguiremos, ya que inciden en ella demasiados factores, aunque con práctica podremos aproximarnos mucho a ese valor ideal.

Para una lectura meramente informativa, el mejor resultado posible (VO) lo obtendremos cuando se dé la siguiente igualdad:

$$Vc = Vp$$

En cambio, un estudiante que desee aprender un temario, obtendrá el mejor resultado con esta igualdad:

$$Vc = Vp = Vm$$

Atención, cuando una de estas velocidades de lectura varíe, da igual que sea incrementando o disminuyendo su valor, automáticamente disminuirá el rendimiento de la velocidad que esté situada justamente a su derecha, y lo hará en un porcentaje aún superior a la variación de la primera. Si es Vc la que se desvía de su valor ideal, se producirá una reacción en cadena que afectará negativamente al rendimiento de las dos velocidades siguientes, y VO será siempre igual o menor que el valor más bajo.

Veamos un par de ejemplos.

Si mantenemos una Vc por encima de su valor ideal del 100%, es decir, si estamos leyendo pasados de velocidad, digamos a un 120%, por ejemplo, esta variación de 20 puntos hará que nuestra velocidad de procesamiento sea claramente inferior a su 100%, y como el resultado de la suma de los porcentajes: Vc + Vp no puede ser nunca superior a 200, el valor de Vp sería entonces de un 80% como máximo, aunque en realidad estaríamos hablando de un valor claramente inferior.

Efectivamente, nuestra Vp habría salido seriamente perjudicada, y en mayor medida que la cuantificada por los 20 puntos de desviación de Vc, quedando reducida a posiblemente un 60% de su valor ideal, dependiendo un poco de cada persona.

Lo que sucedería a continuación es que Vm también habría quedado gravemente resentida, pues Vp estaría lejos del valor ideal responsable de que Vm tenga su valor óptimo. Como el valor de Vm nunca puede ser superior al de Vp, si Vp fuese igual a 60, Vm tendría en este caso un 50% de su valor ideal, o incluso menos.

De este modo, al aumentar nuestra Vc un 20% sobre su valor óptimo, lo único que habríamos conseguido sería tener una velocidad de memorización cercana al 50% de su efectividad.

Por otra parte, y ante tal desequilibrio, los factores psicológicos harían su aparición, de forma que el valor de VO que finalmente obtendríamos sería menos de la mitad de nuestras posibilidades.

Estas pérdidas de rendimiento no son especialmente importantes para el lector de prensa o de novelas, pero creo que todos coincidiremos en que serían extremadamente graves para un estudiante que tuviese que aprender un temario y desease invertir bien su tiempo, pues una pérdida de rendimiento del 50%, es equivalente a que si necesitase estudiar todos los días, solamente lo hiciese en días alternos.

Pero las cosas no mejorarían si por miedo leyésemos con una velocidad que fuese inferior al valor ideal de nuestra Vc. De este modo, si Vc fuese un 80%, Vp tendría un valor cercano al 70%, y el de Vm sería de un 60% aproximadamente.

A simple vista parecería ser que en este segundo caso se pierde menos rendimiento que en el caso anterior, y que ante la duda más nos valdría entonces leer lentos, pero la realidad es bien distinta, ya que muchos factores psicológicos harían ahora su aparición precisamente por culpa de esa lentitud, de modo que la falta de motivación y de concentración, entre otras, unidas a la dificultad para conectar ideas, sería sumamente perjudicial, y el valor de VO quedaría reducido a un porcentaje similar al obtenido en el primer ejemplo. Pero el resultado final aún sería más desesperante, pues aunque ciertamente VO hubiese mantenido un mismo nivel en ambos casos, en el segundo de ellos, y debido a leer más despacio, habríamos legado al mismo sitio pero tardando mucho más tiempo en hacerlo, 1,5 veces más para ser exactos, que es el resultado de la proporción de los dos porcentajes de Vc, obtenidos al leer al 120% en el primer caso, y al hacerlo al 80% en el segundo.

En conclusión, fijémonos en la necesidad de adaptar nuestra Vc a las circunstancias y a nuestras capacidades reales.

9.º Factores psicológicos que modulan la VO

VO es también el resultado de aplicar el filtro de los factores psicológicos a cada uno de sus componentes (Vc, Vp y Vm), convirtiendo así el valor inicial de VO en otro final menor, mucho más preciso y real. Valor que puede ser distinto cada día en función de como nos encontremos anímicamente.

De este modo, cabe considerarse la influencia de la:

— *Motivación*. Aunque esta fuese inicialmente baja, mejorará cuando el lector adquiera una técnica eficaz y vaya comprobando que leer no es tan malo ni aburrido, sino que produce muchos beneficios. La pereza irá siendo sustituida progresivamente por las ganas y por la predisposición.

— *Concentración*. Mejora cuando una actividad gusta y se considera provechosa. Así sucederá con la concentración del lector rápido: no habrá sitio para el aburrimiento, algo que sí existe cuando se lee a bajas velocidades de tan solo 4 ó 5 palabras por segundo.

— *Autoestima y confianza personal*. Casi siempre representan un freno de partida, pero también se incrementarán notablemente cuando esas personas de baja autoestima sean conscientes de la gran mejoría que han obtenido, y de que su capacidad no es tan baja como creían.

Los factores psicológicos multiplican el valor provisional de VO por un número comprendido entre 0 y 1.

10.º Capacidad lectora

CL. Es el tanto por ciento de nuestra capacidad que realmente estamos empleando para leer.

Para valorar CL, ni los factores psicológicos ni cualquier otra limitación puntual o estacional que pudiese existir, deben ser tenidos en cuenta.

Tampoco debe considerarse el tipo de texto, pues uno que sea complicado y nos limite a una VO baja, podría significar que estuviésemos leyendo a un 20% de nuestra auténtica CL, por ejemplo.

Observe que podría darse el caso de que un lector poseyese una gran CL, pero cuya VO estuviese muy limitada por factores psicológicos, físicos o de otra índole. Si conseguimos que tales limitaciones desaparezcan, dicho lector experimentaría de repente un notable incremento en su rendimiento, puesto que su capacidad para leer siempre habría existido.

Para referirnos a la CL de manera útil, siempre deben hacerse estimaciones intuitivas y aproximadas en relación al tanto por ciento de nuestra capacidad que pensemos estamos empleando. Así, diremos por ejemplo: «Estoy leyendo a un 80% de mi CL», o simplemente: «Estoy leyendo a un 80%».

Test n.º 1

Además del test inicial, ya realizado, su Turbo-Speed Reader incorpora otros 3 tests de comprobación para poder evaluar su progreso.

IMPORTANTE: Solamente podrá realizar este test si ya ha finalizado todas las prácticas y entrenamientos previstos en el bloque 1.º y en los capítulos que le siguen. Si no fuese así, no siga leyendo estas líneas y complete todos los entrenamientos que aún le queden pendientes. Puede continuar leyendo este libro a partir del capítulo titulado «Tipos de lectura», pero ninguno anterior. Por favor, siga el orden natural del curso.

Abra su TSR y seleccione el test número 1 (T1), cuya contraseña de acceso es: **L00876**.

Cuando esté preparado para empezar, accione el cronómetro, y deténgalo nada más terminar de leer, tan pronto llegue a la palabra «FIN». Una vez detenido el cronómetro, conteste sin pérdida de tiempo a la batería de preguntas tipo test que automáticamente le aparecerán en la pantalla de su ordenador. Estas preguntas nos servirán para valorar su grado de comprensión y su velocidad de memorización.

Marque con el ratón la opción que considere correcta y, si no sabe alguna respuesta, contéstela igualmente guiándose por su intuición. Aunque solamente se contabilizarán las respuestas certeras, las erróneas no le restarán ninguna puntuación. Evidentemente, tiene que contestarlas sin volver a mirar el texto que ha leído.

Lea los renglones haciendo 2 ó 3 fotos, o incluso alternando. Todo dependiendo de las sensaciones que experimente al leer, y del grado de eficacia que tenga su técnica en estos momentos.

Le recuerdo que el texto de cada test solamente puede leerlo una única vez. Por tanto, asegúrese de que no será molestado ni interrumpido en los próximos 10 minutos.

Finalmente, deseo recordarle que no se juega nada, así que no se ponga nervioso o nerviosa. Muy al contrario, trate de sumergirse en el fascinante mundo de la lectura, y disfrute de su contenido.

Para hacer este test he seleccionado fragmentos de «La tortuga gigante», de Horacio Quiroga.

¡Accione el cronómetro y empiece ya!

Había una vez un hombre que vivía en Buenos Aires, y estaba muy contento porque era un hombre sano y trabajador. Pero un día se enfermó, y los médicos le dijeron que solamente yéndose al campo podría curarse. Él no quería ir, porque tenía hermanos chicos a quienes daba de comer; y se enfermaba cada día más. El hombre enfermo aceptó, y se fue a vivir al monte, lejos, más lejos que Misiones todavía. Hacía allá mucho calor, y eso le hacía bien. Vivía solo en el bosque, y él mismo se cocinaba. Comía pájaros y bichos del monte, que cazaba con la escopeta, y después comía frutas. Dormía bajo los árboles, y cuando hacía mal tiempo construía en cinco minutos una ramada con hojas de palmera, y allí pasaba sentado y fumando, muy contento en medio del bosque que bramaba con el viento y la lluvia.

El hombre tenía otra vez buen color, estaba fuerte y tenía apetito. Precisamente un día en que tenía mucha hambre, porque hacía dos días que no cazaba nada, vio a la orilla de una gran laguna un tigre enorme que quería comer una tortuga. Al ver al hombre el tigre lanzó un rugido espantoso y se lanzó de un salto sobre él. Pero el cazador, que tenía una gran puntería, le disparó.

«Ahora voy a comer tortuga, que es una carne muy rica».

Pero cuando se acercó a la tortuga, vio que estaba herida, y tenía la cabeza casi separada del cuello. A pesar del hambre que sentía, el hombre tuvo lástima de la pobre tortuga, y la llevó arrastrando con una soga hasta su ramada y le vendó la cabeza con tiras de género que sacó de su camisa, porque no tenía más que una sola camisa, y no tenía trapos. La había llevado arrastrando porque la tortuga era inmensa, tan alta como una silla, y pesaba como un hombre.

La tortuga quedó arrimada a un rincón, y allí pasó días y días sin moverse. El hombre la curaba todos los días, y después le daba golpecitos con la mano sobre el lomo. La tortuga sanó por fin. Pero entonces fue el hombre quien se enfermó. Tuvo fiebre y le dolía todo el cuerpo. Después no pudo levantarse más. La fiebre aumentaba siempre, y la garganta le quemaba de tanta sed. El hombre comprendió que estaba gravemente enfermo, y habló en voz alta, aunque estaba solo, porque tenía mucha fiebre.

-Voy a morir. Estoy solo, ya no puedo levantarme más, y no tengo quien me dé agua siquiera. Voy a morir aquí de hambre y de sed.

Y al poco rato la fiebre subió más aún, y perdió el conocimiento. Pero la tortuga lo había oído, y entendió lo que el cazador decía. Y pensó:

-El hombre no me comió la otra vez, aunque tenía mucha hambre, y me curó. Yo lo voy a curar a él ahora. Fue entonces a la laguna, buscó una cáscara de tortuga chiquita, y después de limpiarla bien con arena y ceniza la llenó de agua y le dio de beber al hombre, que estaba tendido sobre su manta y se moría de sed. Se puso a buscar en seguida raíces ricas y yuyitos tiernos, que le llevó al hombre para que comiera. Comía sin darse cuenta de quién le daba la comida, porque tenía delirio y no conocía a nadie.

Todas las mañanas, la tortuga recorría el monte buscando raíces cada vez más ricas para darle al hombre, y sentía no poder subirse a los árboles para llevarle frutas. El cazador comió así días y días sin saber quién le daba la comida, y un día recobró el conocimiento. Miró a todos lados, y vio que estaba solo, pues allí no había más que él y la tortuga, que era un animal. Y dijo otra vez en voz alta:

-Estoy solo en el bosque, la fiebre va a volver de nuevo, y voy a morir aquí, porque solamente en Buenos Aires hay remedios para curarme. Pero nunca podré ir, y voy a morir aquí.

Y como él lo había dicho, la fiebre volvió esa tarde, más fuerte que antes, y perdió de nuevo el conocimiento. Pero también esta vez la tortuga lo había oído, y se dijo:

-Si se queda aquí en el monte, se va a morir, porque no hay remedios. Tengo que llevarlo a Buenos Aires.

Dicho esto, cortó enredaderas finas y fuertes acostó con mucho cuidado al hombre encima de su lomo, y lo sujetó con las enredaderas para que no se cayese. Hizo muchas pruebas para acomodar bien la escopeta y los cueros, y al fin consiguió lo que quería, sin molestar al cazador, y entonces emprendió el viaje.

La tortuga, cargada así, caminó, caminó y caminó de día y de noche. Atravesó montes, campos, cruzó a nado ríos de una legua de ancho, y atravesó pantanos en que quedaba casi enterrada, siempre con el hombre moribundo encima. Después de ocho o diez horas de caminar se detenía, deshacía los nudos y acostaba al hombre con mucho cuidado en un lugar donde hubiera pasto bien seco. Iba entonces a buscar agua y raíces tiernas, y le daba al hombre enfermo. Ella comía también, aunque estaba tan cansada que prefería dormir.

A veces tenía que caminar al sol; y como era verano, el cazador tenía tanta fiebre que deliraba y se moría de sed. Gritaba ¡agua!, ¡agua! a cada rato. Y cada vez la tortuga tenía que darle de beber. Así anduvo días y días, semana tras semana. Cada vez estaban más cerca de Buenos Aires, pero también cada día la tortuga se iba debilitando, cada día tenía menos fuerza, aunque ella no se quejaba. A veces quedaba tendida, completamente sin fuerzas, y el hombre recobraba a medias el conocimiento. Y decía, en voz alta:

-Voy a morir, estoy cada vez más enfermo, y solo en Buenos Aires me podría curar. Pero voy a morir aquí, solo en el monte.

Él creía que estaba siempre en la ramada, porque no se daba cuenta de nada. La tortuga se levantaba entonces, y emprendía de nuevo el camino. Pero llegó un día, un atardecer, en que la pobre tortuga no pudo más. Había llegado al límite de sus fuerzas, y no podía más. No había comido desde hacía una semana para llegar más pronto.

No tenía más fuerza para nada. Cuando cayó del todo la noche, vio una luz lejana en el horizonte, un resplandor que iluminaba el cielo, y no supo qué era. Se sentía cada vez más débil, y cerró entonces los ojos para morir junto con el cazador, pensando con tristeza que no había podido salvar al hombre que había sido bueno con ella. Y, sin embargo, estaba ya en Buenos Aires, y ella no lo sabía. Aquella luz que veía en el cielo era el resplandor de la ciudad, e iba a morir cuando estaba ya al fin de su heroico viaje. Pero un ratón de la ciudad encontró a los dos viajeros moribundos.

-¡Qué tortuga! -dijo el ratón-. Nunca he visto una tortuga tan grande. ¿Y eso que llevas en el lomo, qué es? ¿Es leña? -No -le respondió con tristeza la tortuga-. Es un hombre.

-¿Y dónde vas con ese hombre? -añadió el curioso ratón.

-Voy... voy... Quería ir a Buenos Aires -respondió la pobre tortuga en una voz tan baja que apenas se oía-. Pero vamos a morir aquí porque nunca llegaré.

-¡Si ya has llegado a Buenos Aires! -dijo riendo el ratoncito-. Esa luz que ves allá es Buenos Aires.

Al oír esto, la tortuga se sintió con una fuerza inmensa porque aún tenía tiempo de salvar al cazador, y emprendió la marcha. Y cuando era de madrugada todavía, el director del Jardín Zoológico vio llegar a una tortuga embarrada y sumamente flaca, que traía acostado en su lomo y atado con enredaderas, para que no se cayera, a un hombre que se estaba muriendo. El director reconoció a su amigo, y él mismo fue corriendo a buscar remedios, con los que el cazador se curó enseguida.

Cuando el cazador supo cómo lo había salvado la tortuga, cómo había hecho un viaje de trescientas leguas para que tomara remedios, no quiso separarse más de ella. Y como él no podía tenerla en su casa, pues era muy chica, el director del Zoológico se comprometió a tenerla y a cuidarla como si fuera su propia hija.

Y así pasó. La tortuga, feliz y contenta con el cariño que le tienen, pasea por todo el Jardín, y es la misma gran tortuga que vemos todos los días comiendo el pastito alrededor de las jaulas de los monos.

El cazador la va a ver todas las tardes y ella conoce desde lejos a su amigo, por los pasos. Pasan un par de horas juntos, y ella no quiere nunca que él se vaya sin que le dé una palmadita de cariño en el lomo.

«FIN»

> *¡Rápido, pare el cronómetro y conteste a las preguntas!*

BLOQUE 2

Bloque 2.º de entrenamientos

S I está leyendo estas líneas es porque ya ha hecho el test de comprobación n.º 1. Si es así, pase entonces a realizar los entrenamientos de este segundo bloque. En caso contrario, termine con los ejercicios del primer bloque que todavía le queden pendientes y haga el test n.º 1, para que pueda empezar con los entrenamientos previstos en esta nueva fase.

Mantenga el orden que he establecido para ellos, y cuando finalice un ejercicio, vaya directamente al siguiente hasta completarlos todos. Hágalos todos los días.

Cuando lleve entrenando una semana como mínimo, y además sea capaz de hacerlo bien, entonces será el momento de realizar el test n.º 2, que viene en el siguiente capítulo. A partir de ese momento ya podrá trabajar con los entrenamientos previstos en el bloque 3.º.

Mientras realiza estos ejercicios, si aún no ha acabado de leer este libro, vaya al capítulo referente a «Tipos de lectura» y termínelo, pero no lea los capítulos que le preceden y que figuran después de este.

La contraseña de acceso a este bloque de ejercicios es: S23996.

Rutina general de trabajo

A) Haga 3 series de cada ejercicio, descansando unos segundos entre ellas. La primera vez empiece por el nivel 4, el de menor dificultad. Los siguientes niveles presentan una dificultad mayor.

— Si se siente bien en este primer nivel, repita el ejercicio en el siguiente, en el 5, y si sigue encontrando bien, realice la tercera serie en el nivel 6. No podrá pasar del nivel 6 en esta segunda fase de entrenamientos.

— Si por el contrario experimenta algún tipo de dificultad, manténgase unos cuantos días practicando con los niveles 4 y 5. La distribución de las tres series la dejo un poco a su criterio.

B) Para los próximos días seleccione los niveles de dificultad de este modo:

— Como norma general, realice la primera serie en un nivel donde se desenvuelva bien, la segunda en aquel que considere su límite, y la última en un nivel más alto que en la serie anterior.
— Si fuese muy cómodo, realice su primera serie en el nivel 5, y las otras dos series en el nivel 6, o bien las tres series en el 6.
— Si le costase mucho hacerlo correctamente, realice las dos primeras series en el nivel 4, y la última en el nivel 5.

Ejercicio EL1

La gama de entrenamientos «EL» significa: «Entrenamiento de la Lectura», y el número que sigue a continuación diferencia el tipo de ejercicio.

En este ejercicio tendrá que leer y pronunciar, lo más rápidamente que pueda, el número resultante de unir las 2 cifras que se muestran separadas en la pantalla de su TSR. Esto es lo mismo que ya hicimos en el capítulo anterior, salvo que ahora se trata de emplear el *software* para poder trabajar de forma mucho más dinámica y eficaz.

Trate de pronunciar en voz alta los resultados. Tendrá que hablar de forma continuada para poder mantener el ritmo que le impondrá su TSR. Por ejemplo, en este caso sería el «sesenta y tres»:

6   3

Es fundamental que trate de ver las 2 cifras al mismo tiempo, abriendo su campo de visión periférica tanto como le sea posible.

Como cada serie tiene una duración aproximada de 40 segundos, el tiempo total que necesitará para completar el ejercicio será de poco más de 2 minutos.

Realice la rutina general de trabajo.

Ejercicio EL2

Este ejercicio es muy similar al anterior. La única diferencia estriba en que ahora utilizaremos letras en vez de números. Pronuncie en voz alta la sílaba resultante:

R   O

En este ejemplo sería «ro».

Una vez más le recuerdo que es fundamental que trate de ver las 2 letras al mismo tiempo, abriendo su campo de visión periférica tanto como le sea posible.

Realice la rutina general de trabajo.

Ejercicio EO1

La gama de entrenamientos «EO» significa: «Entrenamiento del Ojo», y el número que le sigue a continuación diferencia el tipo de ejercicio.

Este excelente entrenamiento le proporcionará una mayor agilidad y precisión en sus ojos.

Para realizarlo correctamente tiene que mirar fijamente el centro del círculo que aparece en la pantalla de su TSR hasta que desaparezca. Justo en ese momento aparecerá de forma azarosa en otro lugar distinto. Localícelo con sus ojos tan pronto le sea posible, y vuelva a mirarlo fijamente hasta que vuelva a desaparecer, y así sucesivamente.

Desarrollará un ojo ágil cuando pueda seguir el círculo a la perfección, y consiga mirarlo prácticamente en el mismo instante en el que aparece.

Trate de seguir el círculo moviendo los ojos, no la cabeza.

Cada serie tiene una duración de 40 segundos, por lo que tendrá que mantener toda su concentración durante ese tiempo.

Realice la rutina general de trabajo.

Ejercicio EO2

Este ejercicio consiste en seguir visualmente los 10 números comprendidos entre el 0 y el 9 que, de forma desordenada, irán apareciendo cualquier punto de la pantalla.

Trate de localizarlos con rapidez. Gracias a este entrenamiento conseguirá una mayor agilidad y precisión en los ojos, y además trabajará su retentiva, mejorando su capacidad para poder memorizar más rápidamente.

Al terminar tendrá que responder a 2 preguntas:

1.ª ¿Qué número se ha repetido?
2.ª ¿Qué número no ha salido?

Marque con el ratón la opción que considere correcta, y después compruebe el resultado con la tecla «Corregir».

Realice la rutina general de trabajo.

Ejercicio EO3

Este ejercicio consiste en seguir visualmente las palabras que le irán apareciendo en cualquier punto de la pantalla.

Trate de localizarlas con rapidez. Gracias a este entrenamiento conseguirá una mayor agilidad y precisión en los ojos, y además trabajará su retentiva, mejorando su capacidad para poder memorizar más rápidamente.

Al terminar tendrá que responder a 2 preguntas:

1.ª ¿Qué palabra se ha repetido?
2.ª ¿Qué palabra no ha salido?

Marque con el ratón la opción que considere correcta, y después compruebe el resultado con la tecla «Corregir».

Realice la rutina general de trabajo.

Ejercicio EO4

Este ejercicio consiste en seguir visualmente los pares de palabras que le irán apareciendo en cualquier punto de la pantalla.

Trate de localizarlas con rapidez. Gracias a este entrenamiento conseguirá una mayor agilidad y precisión en los ojos, y además trabajará su retentiva, mejorando su capacidad para poder memorizar más rápidamente.

Al terminar tendrá que responder a 2 preguntas:

1.ª ¿Qué palabra se ha repetido?
2.ª ¿Qué palabra no ha salido?

Marque con el ratón la opción que considere correcta, y después compruebe el resultado con la tecla «Corregir».

Realice la rutina general de trabajo.

Ejercicio EPM1

La gama de entrenamientos «EPM» significa: «Entrenamiento de la velocidad de Procesamiento Mental», y el número que le sigue a continuación diferencia el tipo de ejercicio.

En esta ocasión tendrá que indicar si la frase que aparece es correcta gramaticalmente o no.

Se trata de frases muy sencillas, solamente compuestas por un artículo y un sustantivo. Si ambas palabras coinciden en género y número, tendrá que pulsar lo antes posible la tecla configurada como *«Ok»* en la sección «EPM», dentro de la pestaña «Configuración». Si la frase no tiene sentido, entonces pulse la tecla «Incorrecto» también lo antes posible.

Si obtiene un alto porcentaje de aciertos contestando con rapidez, significa que su mente es capaz de procesar velozmente la información que lee.

Observe la relación existente entre las velocidades de lectura y de procesamiento mental, ya que si usted lee muy lentamente, tardará demasiado tiempo en empezar a procesar su información.

Realice la misma rutina general de trabajo.

Ejercicio EPM2

De modo similar, ahora tendrá que indicar si la frase que aparece, y que está compuesta por sustantivo + adjetivo, es correcta gramaticalmente o no.

Una vez más, realice la rutina general de trabajo.

Ejercicio EPM3

De modo similar, ahora tendrá que indicar si la frase que aparece, y que está compuesta por artículo + sustantivo + adjetivo, es correcta gramaticalmente o no.

Realice la rutina general de trabajo.

Ejercicio EVM1

La gama de entrenamientos «EVM» significa: «Entrenamiento de la Velocidad de Memorización», y el número que le sigue a continuación diferencia el tipo de ejercicio.

Este entrenamiento trabaja la velocidad de memorización y la retentiva, y consiste en leer los nombres de las frutas que van apareciendo en pantalla.

Al terminar tendrá que responder a estas 2 preguntas:

1.ª ¿Qué fruta ha salido 2 veces?
2.ª ¿Qué fruta no ha salido?

Marque con el ratón la opción que considere correcta, y después compruebe el resultado con la tecla «Corregir».

Recomiendo alternar los ejercicios EVM1, EVM2, EVM3 y EVM4, de forma que lo mejor es hacer un par de intentos con cada uno de ellos en el nivel 1, luego en el nivel 2, y finalmente en el 3. De este modo evitaremos una saturación de datos que podría confundirnos con la información aparecida en intentos previos.

Ejercicio EVM2

De forma similar al anterior, en este ejercicio tendrá que leer los nombres de los meses del año que irán apareciendo en pantalla.

Al terminar tendrá que responder a estas 2 preguntas:

1.ª ¿Qué mes ha salido 2 veces?
2.ª ¿Qué mes no ha salido?

Marque con el ratón la opción que considere correcta, y después compruebe el resultado con la tecla «Corregir».

Recomiendo alternar los ejercicios EVM1, EVM2, EVM3 y EVM4, de forma que lo mejor es hacer un par de intentos con cada uno de ellos en el nivel 1, luego en el nivel 2, y finalmente en el 3. De este modo evitaremos una saturación de datos que podría confundirnos con la información aparecida en intentos previos.

Ejercicio EVM3

De forma similar al anterior, en este ejercicio tendrá que leer los nombres de los países que aparecen en la pantalla.

Al terminar tendrá que responder a estas 2 preguntas:

1.ª ¿Qué país ha salido 2 veces?
2.ª ¿Qué país no ha salido?

Marque con el ratón la opción que considere correcta, y después compruebe el resultado con la tecla «Corregir».

Recomiendo alternar los ejercicios EVM1, EVM2, EVM3 y EVM4, de forma que lo mejor es hacer un par de intentos con cada uno de ellos en el nivel 1, luego en el nivel 2, y finalmente en el 3. De este modo evitaremos una saturación de datos que podría confundirnos con la información aparecida en intentos previos.

Ejercicio EVM4

De forma similar al anterior, en este ejercicio tendrá que leer los nombres de pila que aparecen en la pantalla.

Al terminar tendrá que responder a estas 2 preguntas:

1.ª ¿Qué nombre ha salido 2 veces?
2.ª ¿Qué nombre no ha salido?

Marque con el ratón la opción que considere correcta, y después compruebe el resultado con la tecla «Corregir».

Recomiendo alternar los ejercicios EVM1, EVM2, EVM3 y EVM4, de forma que lo mejor es hacer un par de intentos con cada uno de ellos en el nivel 1, luego en el nivel 2, y finalmente en el 3. De este modo evitaremos una saturación de datos que podría confundirnos con la información aparecida en intentos previos.

Ejercicio EMD1

La gama de entrenamientos «EMD» significa: «Entrenamiento de la Memoria eidética», y el número que sigue a continuación diferencia el tipo de ejercicio.

En este entrenamiento tendrá que tratar de memorizar los números que fugazmente aparecen en pantalla.

Es fundamental que trate de ver todas las 2 cifras al mismo tiempo, abriendo su campo de visión periférica tanto como le sea posible.

Realice la rutina general de trabajo haciendo 10 intentos en cada nivel.

* Cuando termine de entrenar esta prueba, realice algún intento extra con un nivel inferior para que pueda constatar su progreso, y sea consciente del aumento de velocidad de su percepción visual.

Ejercicio EMD2

En este caso tendrá que tratar de memorizar los 4 números que fugazmente aparecen en pantalla.

Es fundamental que trate de ver todas las cifras al mismo tiempo, abriendo su campo de visión periférica tanto como le sea posible.

Realice la rutina general de trabajo haciendo 10 intentos en cada nivel.

Ejercicio EMD3

En este caso tendrá que tratar de memorizar los 6 números que fugazmente aparecen en pantalla.

Es fundamental que trate de ver todas las cifras al mismo tiempo, abriendo su campo de visión periférica tanto como le sea posible.

Realice la rutina general de trabajo haciendo 10 intentos en cada nivel.

Ejercicios EL3, EL4, EL5, EL6, EL7 y EL8

Sí, son muchos ejercicios, ¿verdad?

Bueno, pues dedíqueles 15 minutos diarios:

— 5 minutos para los ejercicios EL3, EL4, EL5 y EL6
— 10 minutos para los ejercicios EL7 y EL8

Realice la rutina general de trabajo.

Por otra parte, en esta segunda fase de entrenamientos ha quedado desbloqueado el **velocímetro**. Haga algunas prácticas de lectura adicionales seleccionando una velocidad manual en todos los modos «EL».

Sí, sí, me ha oído bien:

¡Tiene libertad para correr!

Observaciones sobre el segundo bloque de ejercicios

Test n.º 2

S OLAMENTE podrá realizar este test si ya ha finalizado todas las prácticas y entrenamientos previstos en el bloque 2.º. Si no fuese así, no
siga leyendo este capítulo, y continúe trabajando hasta completar todos
los entrenamientos que aún le queden pendientes.

Abra su TSR y seleccione el test número 2 (T2), cuya contraseña de
acceso es: **M13134**. No podrá realizar este test hasta que finalice todos
los entrenamientos previstos en el segundo bloque.

Cuando esté preparado para empezar, accione el cronómetro, y deténgalo nada más terminar de leer, tan pronto llegue a la palabra «FIN».
Una vez detenido el cronómetro, conteste sin pérdida de tiempo a la batería de preguntas tipo test que automáticamente le aparecerán en la pantalla de su ordenador. Estas preguntas nos servirán para valorar su grado
de comprensión y su velocidad de memorización.

Marque con el ratón la opción que considere correcta y, si no sabe alguna respuesta, contéstela igualmente guiándose por su intuición. Aunque solamente se contabilizarán las respuestas certeras, las erróneas no le
restarán ninguna puntuación. Evidentemente, tiene que contestarlas sin
volver a mirar el texto que ha leído.

Lea los renglones haciendo 2 ó 3 fotos, o incluso alternando. Todo
dependiendo de las sensaciones que experimente al leer, y del grado de
eficacia que tenga su técnica en estos momentos.

Le recuerdo que el texto de cada test solamente puede leerlo una
única vez. Por tanto, asegúrese de que no será molestado ni interrumpido en los próximos 10 minutos.

Finalmente, deseo recordarle que no se juega nada, así que no se
ponga nervioso o nerviosa. Muy por el contrario, trate de sumergirse en
el fascinante mundo de la lectura y disfrute de su contenido.

Para hacer este test he seleccionado fragmentos de «La guerra de los yacarés», de Horacio Quiroga.

> *¡Accione el cronómetro y empiece ya!*

En un río muy grande, en un país desierto donde nunca había estado el hombre, vivían muchos yacarés (un tipo de reptil). Eran muchos más de cien. Comían pescados, bichos que iban a tomar agua al río, pero sobre todo pescados. Dormían la siesta en la arena de la orilla, y a veces jugaban sobre el agua cuando había noches de luna. Todos vivían muy tranquilos y contentos. Pero una tarde, mientras dormían la siesta, un yacaré se despertó de golpe y levantó la cabeza porque creía haber sentido ruido. Prestó oídos, y lejos, muy lejos, oyó efectivamente un ruido sordo y profundo. Entonces llamó al yacaré que dormía a su lado:

-¡Despiértate! -le dijo-. Hay peligro.
-¿Qué cosa? -respondió el otro.
-No sé. Es un ruido desconocido.

El segundo yacaré oyó el ruido a su vez, y en un momento despertaron a los otros. Todos se asustaron y corrían de un lado para otro con la cola levantada. Y no era para menos su inquietud, porque el ruido crecía. Pronto vieron como una nubecita de humo a lo lejos, y oyeron un ruido de *chas-chas-chas* en el río, como si golpearan el agua muy lejos.

Los yacarés se miraban unos a otros: ¿qué podía ser aquello? Pero un yacaré viejo y sabio, el más sabio y viejo de todos, un viejo yacaré a quien no quedaban sino dos dientes sanos en los costados de la boca, y que había hecho una vez un viaje hasta el mar, dijo: «¡Yo sé lo que es! ¡Es una ballena! ¡Son grandes y echan agua blanca por la nariz!».

Al oír esto, los yacarés chiquitos comenzaron a gritar como locos de miedo, zambullendo la cabeza. Y gritaban: -¡Es una ballena!

Pero el viejo yacaré sacudió de la cola al yacarecito que tenía más cerca. «¡No tengan miedo!», gritó. «¡Yo sé lo que es la ballena! ¡Ella siempre tiene miedo de nosotros!»

Con lo cual los yacarés chicos se tranquilizaron. Pero enseguida se volvieron a asustar, porque el humo gris se cambió de repente en humo negro, y todos sintieron bien fuerte ahora el *chas-chas-chas* en el agua. Espantados, se hundieron en el río, dejando fuera solamente los ojos y la punta de la nariz. Y así vieron pasar delante de ellos aquella cosa inmensa, llena de humo y golpeando el agua, que era un vapor de ruedas que navegaba por primera vez por aquel río. El vapor pasó, se alejó y desapareció. Los yacarés entonces fueron saliendo del agua enojados con el viejo yacaré, porque los había engañado, diciéndoles que eso era una ballena.

-¡Eso no es una ballena! -le gritaron en las orejas, porque era un poco sordo. El viejo yacaré les explicó entonces que era un vapor, lleno de fuego, y que los yacarés se iban a morir todos si el buque seguía pasando. Pero los yacarés se echaron a reír, porque creyeron que el viejo se había vuelto loco. ¿Por qué se iban a morir ellos si el vapor seguía pasando? ¡Estaba bien loco, el pobre yacaré viejo!

Y como tenían hambre, se pusieron a buscar pescados. Pero no había ni un pescado. Todos se habían ido asustados por el ruido del vapor.

-¿No les decía yo? -dijo entonces el viejo yacaré-. Ya no tenemos nada que comer. Todos los pescados se han ido. Esperamos hasta mañana. Puede ser que el vapor no vuelva más, y los pescados volverán cuando no tengan más miedo.

Pero al día siguiente sintieron de nuevo el ruido en el agua, y vieron pasar de nuevo al vapor, haciendo mucho ruido y largando tanto humo que oscurecía el cielo.

-Bueno -dijeron entonces los yacarés-, el buque pasó ayer, pasó hoy, y pasará mañana. Ya no habrá más pescados ni bichos que vengan a tomar agua y nos moriremos de hambre. Hagamos entonces un dique.

Enseguida se pusieron a hacer el dique. Fueron todos al bosque y echaron abajo más de diez mil árboles. Los cortaron con la especie de serrucho que los yacarés tienen encima de la cola; los empujaron hasta el agua, y los clavaron a todo lo ancho del río, a un metro uno del otro. Ningún buque podía pasar por allí, ni grande ni chico. Estaban seguros de que nadie vendría a espantar los pescados. Y como estaban muy cansados, se acostaron en la playa.

Al otro día dormían todavía cuando oyeron el *chas-chas-chas* del vapor. Todos oyeron, pero ninguno se levantó ni abrió los ojos siquiera. ¿Qué les importaba el buque? Podía hacer todo el ruido que quisiera, por allí no iba a pasar. En efecto: el vapor estaba muy lejos todavía cuando se detuvo. Los hombres que iban adentro miraron con anteojos aquella cosa atravesada en el río y mandaron un bote a ver qué era aquello que les impedía pasar. Entonces los yacarés se levantaron y fueron al dique, y miraron por entre los palos, riéndose del chasco que se había llevado al vapor. El bote se acercó, vio el formidable dique que habían levantado los yacarés y se volvió al vapor. Pero después volvió otra vez al dique, y los hombres del bote gritaron: -¡Eh, yacarés!

-¡Qué hay! -respondieron los yacarés, sacando la cabeza por entre los troncos del dique.
-¡Nos está estorbando eso!
-¡Ya lo sabemos!
-¡No podemos pasar!
-¡Es lo que queremos!
-¡Saquen el dique!
-¡No lo sacamos!

Los hombres del bote hablaron en voz baja entre ellos y gritaron:

-¡Hasta mañana, entonces!
-¡Hasta cuando quieran!

Y el bote volvió al vapor, mientras los yacarés, locos de contentos, daban tremendos colazos en el agua. Ningún vapor iba a pasar por allí y siempre habría pescados.

Pero al día siguiente volvió el vapor, y cuando los yacarés miraron el buque, quedaron mudos de asombro: ya no era el mismo buque. Era otro, un buque de color ratón, mucho más grande que el otro. ¿Qué nuevo vapor era ese? ¿Ese también quería pasar? No va a pasar. ¡Ni ese, ni ningún otro!

-¡No, no va a pasar! -gritaron los yacarés, lanzándose al dique, cada cual a su puesto entre los troncos. El nuevo buque, como el otro, se detuvo lejos, y también como el otro bajo un bote que se acercó al dique. Dentro venían un oficial y ocho marineros. El oficial gritó:

-¡Eh, yacarés! -¡Qué hay! -respondieron-. -¿No sacan el dique? -No. -Está bien -dijo el oficial-. -Entonces lo vamos a echar a pique a cañonazos. -¡Echen! -contestaron los yacarés. Y el bote regresó al buque. Ahora bien, ese buque de color ratón era un buque de guerra, un acorazado con terribles cañones. El viejo yacaré sabio, que había ido una vez hasta el mar, se acordó de repente, y apenas tuvo tiempo de gritar a los otros yacarés:

-¡Escóndase bajo el agua! ¡Es un buque de guerra! ¡Escóndanse!

Los yacarés desaparecieron en un instante bajo el agua y nadaron hacia la orilla, donde quedaron hundidos, con la nariz y los ojos únicamente fuera del agua. En ese mismo momento, del buque salió una gran nube blanca de humo, sonó un terrible estampido, y una enorme bala de cañón cayó en pleno dique, justo en el medio. Dos o tres troncos volaron hechos pedazos, y enseguida cayó otra bala, y otra y otra más, y cada una hacía saltar por el aire en astillas un pedazo de dique, hasta que no quedó nada del dique. Ni un tronco, ni una astilla, ni una cáscara. Todo había sido deshecho a cañonazos por el acorazado. Y los yacarés, hundidos en el agua, con los ojos y la nariz solamente fuera, vieron pasar el buque de guerra, silbando a toda fuerza. Entonces los yacarés salieron del agua y dijeron: -Hagamos otro dique mucho más grande que el otro.

Y en esa misma tarde y esa noche misma hicieron otro dique, con troncos inmensos. Después se acostaron a dormir, cansadísimos, y estaban durmiendo todavía al día siguiente cuando el buque de guerra llegó otra vez, y el bote se acercó al dique.

-¡Eh, yacarés! -gritó el oficial.
-¡Qué! -respondieron los yacarés.
-¡Saquen ese otro dique!
-¡No lo sacamos!
-¡Lo vamos a deshacer a cañonazos!
-¡Deshagan si pueden!

Y hablaban así con orgullo porque estaban seguros de que su nuevo dique no podría ser deshecho ni por todos los cañones del mundo.

Pero un rato después el buque volvió a llenarse de humo, y con un horrible estampido la bala reventó en el medio del dique, porque esta vez habían tirado con granada. La granada reventó contra los troncos, hizo saltar, despedazó, redujo a astillas las enormes vigas. La segunda reventó al lado de la primera y otro pedazo de dique voló por el aire. Y así fueron deshaciendo el dique. Y no quedó nada del dique. El buque de guerra pasó entonces delante de los yacarés, y los hombres se burlaban tapándose la boca.

-Bueno -dijeron entonces los yacarés saliendo del agua-. Vamos a morir todos, porque el buque va a pasar siempre y los pescados no volverán.

Y estaban tristes, porque los yacarés chiquitos se quejaban de hambre.

El viejo yacaré dijo entonces: -Todavía tenemos una esperanza de salvarnos. Vamos a ver al Surubí. Yo hice el viaje con él cuando fui hasta el mar, y tiene un torpedo. Él vio un combate entre dos buques de guerra, y trajo hasta aquí un torpedo que no reventó. Vamos a pedírselo, y aunque está muy enojado con nosotros los yacarés, tiene un buen corazón y no querrá que muramos todos. -El hecho es que muchos años antes, los yacarés se habían comido a un sobrinito del Surubí, y este no había querido tener más relaciones con los yacarés. Pero a pesar de todo fueron corriendo a ver al Surubí, que vivía en una gruta grandísima a orillas del río Paraná, y que dormía siempre al lado de su torpedo.

«FIN»

¡Rápido, pare el cronómetro y conteste a las preguntas!

BLOQUE 3

Bloque 3.º de entrenamientos

Sı está leyendo estas líneas es porque ya ha hecho el test de comprobación n.º 2. Si no fuese así, continúe realizando los entrenamientos del segundo bloque que todavía le queden pendientes, y haga dicho test. De otro modo no podrá empezar con los ejercicios de este tercer bloque.

Mantenga el orden que he establecido para ellos, y cuando finalice un ejercicio, vaya directamente al siguiente hasta completarlos todos. Hágalos todos los días.

Cuando lleve entrenando una semana como mínimo, y además sea capaz de hacerlo bien, entonces será el momento de realizar el test n.º 3, que viene en el siguiente capítulo.

La contraseña de acceso a este bloque de ejercicios es: **F45599**.

Rutina general de trabajo

A) Haga 3 series de cada ejercicio, descansando unos segundos entre ellas. La primera vez empiece por el nivel 7, el de menor dificultad. Los siguientes niveles presentan una dificultad mayor.

— Si se siente bien en este primer nivel, repita el ejercicio en el siguiente, en el 8, y si sigue encontrando bien, realice la tercera serie en el nivel 9.
— Si por el contrario experimenta algún tipo de dificultad, manténgase unos cuantos días practicando con los niveles 7 y 8. La distribución de las tres series la dejo un poco a su criterio.

B) Para los próximos días seleccione los niveles de dificultad de este modo:

— Como norma general, realice la primera serie en un nivel donde se desenvuelva bien, la segunda en aquel que considere su límite, y la última en un nivel más alto que en la serie anterior.

— Si fuese muy cómodo, realice su primera serie en el nivel 8, y las otras dos series en el nivel 9, o bien las tres series en el 9.

— Si le costase mucho hacerlo correctamente, realice las dos primeras series en el nivel 7, y la última en el nivel 8.

Ejercicio EL1

La gama de entrenamientos «EL» significa: «Entrenamiento de la Lectura», y el número que sigue a continuación diferencia el tipo de ejercicio.

En este ejercicio tendrá que leer y pronunciar, lo más rápidamente que pueda, el número resultante de unir las 2 cifras que se muestran separadas en la pantalla de su TSR. Esto es lo mismo que ya hicimos en el capítulo anterior, salvo que ahora se trata de emplear el software para poder trabajar de forma mucho más dinámica y eficaz.

Trate de pronunciar en voz alta los resultados. Tendrá que hablar de forma continuada para poder mantener el ritmo que le impondrá su TSR. Por ejemplo, en este caso sería el «setenta y seis»:

7   6

Es fundamental que trate de ver las 2 cifras al mismo tiempo, abriendo su campo de visión periférica tanto como le sea posible.

Como cada serie tiene una duración de 40 segundos, el tiempo total que necesitará para completar el ejercicio será de poco más de 2 minutos.

Realice la rutina general de trabajo.

Ejercicio EL2

Este ejercicio es muy similar al anterior. La única diferencia estriba en que ahora utilizaremos letras en vez de números. Pronuncie en voz alta la sílaba resultante:

F   I

En este ejemplo sería «fi».

Una vez más le recuerdo que es fundamental que trate de ver las 2 letras al mismo tiempo, abriendo su campo de visión periférica tanto como le sea posible.

Realice la misma rutina de trabajo que ya le establecí anteriormente para el ejercicio EL1, jugando también con los niveles 7, 8 y 9.

Realice la rutina general de trabajo.

Ejercicio EO1

La gama de entrenamientos «EO» significa: «Entrenamiento del Ojo», y el número que le sigue a continuación diferencia el tipo de ejercicio.

Este excelente entrenamiento le proporcionará una mayor agilidad y precisión en sus ojos.

Para realizarlo correctamente tiene que mirar fijamente el centro del círculo que aparece en la pantalla de su TSR hasta que desaparezca. Justo en ese momento aparecerá de forma azarosa en otro lugar distinto. Localícelo con sus ojos tan pronto le sea posible, y vuelva a mirarlo fijamente hasta que vuelva a desaparecer, y así sucesivamente.

Desarrollará un ojo ágil cuando pueda seguir el círculo a la perfección, y consiga mirarlo prácticamente en el mismo instante en el que aparece.

Trate de seguir el círculo moviendo los ojos, no la cabeza.

Cada serie tiene una duración de 40 segundos, por lo que tendrá que mantener toda su concentración durante ese tiempo.

Realice la rutina general de trabajo.

Ejercicio EO2

Este ejercicio consiste en seguir visualmente los 10 números comprendidos entre el 0 y el 9 que, de forma desordenada, irán apareciendo cualquier punto de la pantalla.

Trate de localizarlos con rapidez. Gracias a este entrenamiento conseguirá una mayor agilidad y precisión en los ojos, y además trabajará su retentiva, mejorando su capacidad para poder memorizar más rápidamente.

Al terminar tendrá que responder a 2 preguntas:

1.ª ¿Qué número se ha repetido?
2.ª ¿Qué número no ha salido?

Marque con el ratón la opción que considere correcta, y después compruebe el resultado con la tecla «Corregir».

Realice la misma rutina de trabajo que ya le establecí anteriormente para el ejercicio EL1, jugando también con los niveles 7, 8 y 9.

Realice la rutina general de trabajo.

Ejercicio EO3

Este ejercicio consiste en seguir visualmente las palabras que le irán apareciendo en cualquier punto de la pantalla.

Trate de localizarlas con rapidez. Gracias a este entrenamiento conseguirá una mayor agilidad y precisión en los ojos, y además trabajará su retentiva, mejorando su capacidad para poder memorizar más rápidamente.

Al terminar tendrá que responder a 2 preguntas:

1.ª ¿Qué palabra se ha repetido?
2.ª ¿Qué palabra no ha salido?

Marque con el ratón la opción que considere correcta, y después compruebe el resultado con la tecla «Corregir».

Realice la rutina general de trabajo.

Ejercicio EO4

Este ejercicio consiste en seguir visualmente los pares de palabras que le irán apareciendo en cualquier punto de la pantalla.

Trate de localizarlas con rapidez. Gracias a este entrenamiento conseguirá una mayor agilidad y precisión en los ojos, y además trabajará su retentiva, mejorando su capacidad para poder memorizar más rápidamente.

Al terminar tendrá que responder a 2 preguntas:

1.ª ¿Qué palabra se ha repetido?
2.ª ¿Qué palabra no ha salido?

Marque con el ratón la opción que considere correcta, y después compruebe el resultado con la tecla «Corregir».

Realice la rutina general de trabajo.

Ejercicio EPM1

La gama de entrenamientos «EPM» significa: «Entrenamiento de la velocidad de Procesamiento Mental», y el número que le sigue a continuación diferencia el tipo de ejercicio.

En esta ocasión tendrá que indicar si la frase que aparece es correcta gramaticalmente o no.

Se trata de frases muy sencillas, solamente compuestas por un artículo y un sustantivo. Si ambas palabras coinciden en género y número, tendrá que pulsar lo antes posible la tecla configurada como «Ok» en la sección «EPM», dentro de la pestaña «Configuración». Si la frase no tiene sentido, entonces pulse la tecla «Incorrecto» también lo antes posible.

Si obtiene un alto porcentaje de aciertos contestando con rapidez, significa que su mente es capaz de procesar velozmente la información que lee.

Observe la relación existente entre las velocidades de lectura y de procesamiento mental, ya que si usted lee muy lentamente, tardará demasiado tiempo en empezar a procesar su información.

Realice la misma rutina general de trabajo.

Ejercicio EPM2

De modo similar, ahora tendrá que indicar si la frase que aparece, y que está compuesta por sustantivo + adjetivo, es correcta gramaticalmente o no.

Una vez más, realice la rutina general de trabajo.

Ejercicio EPM3

De modo similar, ahora tendrá que indicar si la frase que aparece, y que está compuesta por artículo + sustantivo + adjetivo, es correcta gramaticalmente o no.

Realice la rutina general de trabajo.

Ejercicio EVM1

La gama de entrenamientos «EVM» significa: «Entrenamiento de la Velocidad de Memorización», y el número que le sigue a continuación diferencia el tipo de ejercicio.

Este entrenamiento trabaja la velocidad de memorización y la retentiva, y consiste en leer los nombres de las frutas que van apareciendo en pantalla.

Al terminar tendrá que responder a estas 2 preguntas:

1.ª ¿Qué fruta ha salido 2 veces?
2.ª ¿Qué fruta no ha salido?

Marque con el ratón la opción que considere correcta, y después compruebe el resultado con la tecla «Corregir».

Recomiendo alternar los ejercicios EVM1, EVM2, EVM3 y EVM4, de forma que lo mejor es hacer un par de intentos con cada uno de ellos en el nivel 1, luego en el nivel 2, y finalmente en el 3. De este modo evitaremos una saturación de datos que podría confundirnos con la información aparecida en intentos previos.

Ejercicio EVM2

De forma similar al anterior, en este ejercicio tendrá que leer los nombres de los meses del año que irán apareciendo en pantalla.

Al terminar tendrá que responder a estas 2 preguntas:

1.ª ¿Qué mes ha salido 2 veces?
2.ª ¿Qué mes no ha salido?

Marque con el ratón la opción que considere correcta, y después compruebe el resultado con la tecla «Corregir».

Recomiendo alternar los ejercicios EVM1, EVM2, EVM3 y EVM4, de forma que lo mejor es hacer un par de intentos con cada uno de ellos en el nivel 1, luego en el nivel 2, y finalmente en el 3. De este modo evitaremos una saturación de datos que podría confundirnos con la información aparecida en intentos previos.

Ejercicio EVM3

De forma similar al anterior, en este ejercicio tendrá que leer los nombres de los países que aparecen en la pantalla.

Al terminar tendrá que responder a estas 2 preguntas:

1.ª ¿Qué país ha salido 2 veces?
2.ª ¿Qué país no ha salido?

Marque con el ratón la opción que considere correcta, y después compruebe el resultado con la tecla «Corregir».

Recomiendo alternar los ejercicios EVM1, EVM2, EVM3 y EVM4, de forma que lo mejor es hacer un par de intentos con cada uno de ellos en el nivel 1, luego en el nivel 2, y finalmente en el 3. De este modo evitaremos una saturación de datos que podría confundirnos con la información aparecida en intentos previos.

Ejercicio EVM4

De forma similar al anterior, en este ejercicio tendrá que leer los nombres de pila que aparecen en la pantalla.

Al terminar tendrá que responder a estas 2 preguntas:

1.ª ¿Qué nombre ha salido 2 veces?
2.ª ¿Qué nombre no ha salido?

Marque con el ratón la opción que considere correcta, y después compruebe el resultado con la tecla «Corregir».

Recomiendo alternar los ejercicios EVM1, EVM2, EVM3 y EVM4, de forma que lo mejor es hacer un par de intentos con cada uno de ellos en el nivel 1, luego en el nivel 2, y finalmente en el 3. De este modo evitaremos una saturación de datos que podría confundirnos con la información aparecida en intentos previos.

Ejercicio EMD1

La gama de entrenamientos «EMD» significa: «Entrenamiento de la Memoria eidética», y el número que sigue a continuación diferencia el tipo de ejercicio.

En este entrenamiento tendrá que tratar de memorizar los números que fugazmente aparecen en pantalla.

Es fundamental que trate de ver todas las 2 cifras al mismo tiempo, abriendo su campo de visión periférica tanto como le sea posible.

Realice la rutina general de trabajo haciendo 10 intentos en cada nivel.

Cuando termine de entrenar esta prueba, realice algún intento extra con un nivel inferior para que pueda constatar su progreso y sea consciente del aumento de velocidad de su percepción visual.

Ejercicio EMD2

En este caso tendrá que tratar de memorizar los 4 números que fugazmente aparecen en pantalla.

Es fundamental que trate de ver todas las cifras al mismo tiempo, abriendo su campo de visión periférica tanto como le sea posible.

Realice la rutina general de trabajo haciendo 10 intentos en cada nivel.

Ejercicio EMD3

En este caso tendrá que tratar de memorizar los 6 números que fugazmente aparecen en pantalla.

Es fundamental que trate de ver todas las cifras al mismo tiempo, abriendo su campo de visión periférica tanto como le sea posible.

Realice la rutina general de trabajo haciendo 10 intentos en cada nivel.

Ejercicios EL3, EL4, EL5, EL6, EL7 y EL8

Dedíqueles 15 minutos diarios:

— 5 minutos para los ejercicios EL3, EL4, EL5 y EL6
— 10 minutos para los ejercicios EL7 y EL8

Realice la rutina general de trabajo.

Haga además unos 5 minutos de prácticas adicionales de lectura seleccionando en el velocímetro una velocidad manual en los modos «EL» que desee, pero principalmente en los «EL7» y «EL8».

Una vez más, usted:

¡Tiene libertad para correr!

Observaciones sobre el tercer bloque de ejercicios

_____

_____

_____

_____

_____

_____

_____

_____

_____

_____

_____

_____

_____

_____

_____

_____

_____

Test n.º 3

SOLAMENTE podrá realizar este test si ya ha finalizado todas las prácticas y entrenamientos previstos en el bloque 3.º. Si no fuese así, no siga leyendo este capítulo, y continúe trabajando hasta completar todos los entrenamientos que aún le queden pendientes.

Abra su TSR y seleccione el test número 3 (T3), cuya contraseña de acceso es: **S56239**. No podrá realizar este test hasta que finalice todos los entrenamientos previstos en el tercer bloque.

Cuando esté preparado para empezar, accione el cronómetro, y deténgalo nada más terminar de leer, tan pronto llegue a la palabra «FIN». Una vez detenido el cronómetro, conteste sin pérdida de tiempo a la batería de preguntas tipo test que automáticamente le aparecerán en la pantalla de su ordenador. Estas preguntas nos servirán para valorar su grado de comprensión y su velocidad de memorización.

Marque con el ratón la opción que considere correcta y, si no sabe alguna respuesta, contéstela igualmente guiándose por su intuición. Aunque solamente se contabilizarán las respuestas certeras, las erróneas no le restarán ninguna puntuación. Evidentemente, tiene que contestarlas sin volver a mirar el texto que ha leído.

Lea los renglones haciendo 2 ó 3 fotos, o incluso alternando. Todo dependiendo de las sensaciones que experimente al leer y del grado de eficacia que tenga su técnica en estos momentos.

Le recuerdo que el texto de cada test solamente puede leerlo una única vez. Por tanto, asegúrese de que no será molestado ni interrumpido en los próximos 10 minutos.

Finalmente, deseo recordarle que no se juega nada, así que no se ponga nervioso o nerviosa. Muy al contrario, trate de sumergirse en el fascinante mundo de la lectura y disfrute de su contenido.

Para hacer este test he seleccionado fragmentos de «La gama ciega», de Horacio Quiroga.

> *¡Accione el cronómetro y empiece ya!*

Había una vez una gama que tuvo dos hijos mellizos, cosa rara entre los venados. Un gato montés se comió a uno de ellos, y quedó solo la hembra. Las otras gamas, que la querían mucho, le hacían siempre cosquillas en los costados.

Su madre le hacía repetir todas las mañanas la oración de los venados:

1. Hay que oler bien primero las hojas antes de comerlas, porque algunas son venenosas.

2. Hay que mirar bien el río y quedarse quieto antes de beber, para estar seguro de que no hay yacarés.

3. Cada media hora hay que levantar bien alta la cabeza y oler el viento, para sentir el olor del tigre.

4. Cuando se come pasto del suelo, hay que mirar siempre antes para ver si hay víboras.

Este es el padrenuestro de los venados chicos. Cuando la gamita lo hubo aprendido bien, su madre le dejó andar sola. Una tarde, sin embargo, mientras la gamita recorría el monte comiendo las hojitas tiernas, vio de pronto ante ella, en el hueco de un árbol que estaba podrido, muchas bolitas juntas que colgaban. Tenían un color oscuro, como el de las pizarras. ¿Qué sería? Ella tenía también un poco de miedo, pero como era muy traviesa, dio un cabezazo a aquellas cosas.

Vio entonces que las bolitas se habían rajado, y que caían gotas. Habían salido también muchas mosquitas rubias de cintura muy fina, que caminaban apuradas por encima. La gama se acercó, y las mosquitas no le picaron. Despacito, entonces, muy despacito, probó una gota con la punta de la lengua, y se relamió con gran placer: aquellas gotas eran miel, y miel riquísima, porque las bolas de color pizarra eran una

colmena de abejitas que no picaban porque no tenían aguijón.
Hay abejas así. En dos minutos la gamita se tomó toda la miel,
y muy contenta fue a contarle a su mamá. Pero mamá la reprendió:

-Ten mucho cuidado, hija, con los nidos de abejas. La miel es una cosa
muy rica, pero es muy peligroso ir a sacarla. Nunca te metas con
los nidos que veas.

La gamita gritó contenta: -¡Pero no pican, mamá!

-Estás equivocada -continuó la madre-, hoy has tenido suerte, nada
más. Hay abejas y avispas muy malas. Cuidado, hija, porque me vas
a dar un gran disgusto.

-¡Sí, mamá! -respondió la gamita. Pero lo primero que hizo a la mañana
siguiente, fue seguir los senderos que habían abierto los hombres en el
monte, para ver con más facilidad los nidos de abejas. Hasta que al fin
halló uno. Esta vez el nido tenía abejas oscuras, con una fajita amarilla
en la cintura, que caminaban por encima del nido. El nido también era
distinto; pero la gamita pensó que, puesto que estas abejas eran más
grandes, la miel debía ser más rica. Se acordó de la recomendación de
su mamá; mas creyó que su mamá exageraba, como exageran siempre
las madres de las gamitas. Entonces le dio un gran cabezazo al nido.

¡Ojalá nunca lo hubiera hecho! Salieron enseguida cientos de avispas,
miles de avispas que le picaron en todo el cuerpo, le llenaron todo el
cuerpo de picaduras, en la cabeza, en la barriga, en la cola; y lo que es
mucho peor, en los mismos ojos. Le picaron más de diez en los ojos.

La gamita, loca de dolor, corrió gritando, hasta que de repente tuvo
que pararse porque no veía más; estaba ciega, ciega del todo.

Los ojos se le habían hinchado enormemente, y no veía más.
Se quedó quieta, temblando de dolor y de miedo, y solo podía llorar
desesperadamente.

-¡Mamá!... ¡Mamá!... -Su madre, que había salido a buscarla, porque tardaba mucho, la halló al fin, y se desesperó también con su gamita que estaba ciega. La llevó paso a paso hasta su cubil, con la cabeza de su hija recostada en su pescuezo, y los bichos del monte que encontraban en el camino se acercaban todos a mirar los ojos de la infeliz gamita. La madre no sabía qué hacer. ¿Qué remedios podía hacerle ella? Ella sabía bien que en el pueblo, que estaba al otro lado del monte, vivía un hombre que tenía remedios. El hombre era cazador, y cazaba también venados, pero era un hombre bueno. La madre tenía miedo, sin embargo, de llevar a su hija a un hombre que cazaba gamas. Como estaba desesperada, se decidió a hacerlo. Pero antes quiso ir a pedir una carta de recomendación al oso hormiguero, que era amigo del hombre. Salió, pues, después de dejar a la gamita oculta, y atravesó corriendo el monte, donde el tigre casi la alcanza. Cuando llegó a la guarida de su amigo, no podía dar un paso más de cansancio.

Este amigo era, como se ha dicho, un oso hormiguero; pero era de una especie pequeña, cuyos individuos tienen un color amarillo, y por encima del color amarillo una especie de camiseta negra sujeta por dos cintas que pasan por encima de los hombros. Tienen también la cola prensil porque viven siempre en los árboles y se cuelgan de la cola.

¿De dónde provenía la amistad estrecha entre el oso hormiguero y el cazador? Nadie lo sabía en el monte; pero alguna vez ha de llegar el motivo a nuestros oídos.

La pobre madre llegó hasta el cubil del oso hormiguero.

-¡Tan! ¡Tan! -llamó jadeante-. -¿Quién es? -respondió el oso.

-¡Soy yo, la gama! -¡Ah, bueno! ¿Qué quiere la gama?

-Vengo a pedirle una tarjeta de recomendación para el cazador. La gamita, mi hija, está ciega.

-¿La gamita? -respondió el oso hormiguero-. Si es por ella, sí le doy lo que quiere, pero no necesita nada escrito... Muéstrele esto, y la atenderá. -Y con el extremo de la cola, el oso le extendió a la gama una cabeza seca de víbora, que tenía aún los colmillos venenosos.

-¡Gracias, oso hormiguero! -Y salió corriendo, porque era muy tarde y pronto iba a amanecer.

Al pasar por su cubil recogió a su hija, que se quejaba siempre, y juntas llegaron por fin al pueblo, donde tuvieron que caminar muy despacito y arrimarse a las paredes, para que los perros no las sintieran. Ya estaban ante la puerta del cazador.

-¡Tan! ¡Tan! -golpearon.

-¿Qué hay? -respondió una voz de hombre, desde adentro.

-¡Somos las gamas!... ¡Tenemos la cabeza de víbora!

La madre se apuró a decir esto, para que el hombre supiera que eran amigas del oso hormiguero. «¡Ah!», dijo el hombre, abriendo la puerta.

-Venimos para que cure a mi hija, la gamita, que está ciega. -Y contó al cazador la historia de las abejas.

-¡Hum! Vamos a ver qué tiene esta señorita -dijo el cazador. Y volviendo a entrar en la casa, salió de nuevo con una sillita alta, e hizo sentar en ella a la gamita para poderle ver bien los ojos sin agacharse mucho. Le examinó los ojos, bien de cerca con un vidrio redondo muy grande, mientras la mamá alumbraba con el farol de viento colgado de su cuello.

-Esto no es gran cosa -dijo por fin el cazador, ayudando a bajar a la gamita-. Pero hay que tener mucha paciencia. Póngale esta pomada en los ojos todas las noches, y téngala veinte días en la oscuridad. Después póngale estos lentes amarillos y se curará.

-¡Muchas gracias, cazador! -respondió la madre, muy contenta y agradecida-. ¿Cuánto le debo?

-No es nada -respondió sonriendo el cazador-. Pero tenga mucho cuidado con los perros, porque en la otra cuadra vive precisamente un hombre que tiene perros para seguir el rastro de los venados.

Las gamas tuvieron gran miedo; apenas pisaban, y se detenían a cada momento. Y con todo, los perros las olfatearon y las siguieron media legua dentro del monte. Corrían por una picada muy ancha, y delante la gamita iba balando.

Tal como lo dijo el cazador, se efectuó la curación. Pero solo la gama supo cuánto le costó tener encerrada a la gamita en el hueco de un gran árbol, durante veinte días interminables. Adentro no se veía nada. Por fin, una mañana la madre apartó con la cabeza el gran montón de ramas que había arrimado al hueco del árbol para que entrara luz, y la gamita, con sus lentes amarillos, salió corriendo y gritando:

-¡Veo, mamá! ¡Ya veo todo!

La gama, recostando la cabeza en una rama, lloraba también de alegría al ver curada su gamita. Y se curó del todo. Pero aunque curada, y sana y contenta, la gamita tenía un secreto que la entristecía. Y el secreto era este: ella quería a toda costa pagarle al hombre que tan bueno había sido con ella y no sabía cómo. Hasta que un día creyó haber encontrado el medio. Se puso a recorrer la orilla de las lagunas y bañados buscando plumas de garza para llevarle al cazador. El cazador, por su parte, se acordaba a veces de aquella gamita ciega que él había curado.

Y una noche de lluvia estaba el hombre leyendo en su cuarto, muy contento porque acababa de componer el techo de paja, cuando oyó que llamaban. Abrió la puerta y vio a la gamita que le traía un atadito, un plumerito todo mojado de plumas de garza. El cazador se puso a reír, y la gamita, avergonzada porque creía que el cazador se reía de su pobre regalo, se fue muy triste. Buscó entonces plumas muy grandes, bien secas y limpias, y una semana después volvió con ellas; y esta vez el hombre, que se había reído la vez anterior de cariño, no se rió esta vez porque la gamita no comprendía la risa. Pero en cambio le regaló una jarra llena de miel, que la gamita tomó loca de contenta.

Desde entonces la gamita y el cazador fueron grandes amigos. Ella se empeñaba siempre en llevarle plumas de garza que valen mucho dinero, y se quedaba las horas charlando con el hombre. Él ponía siempre en la mesa una jarra enlozada llena de miel y arrimaba la sillita alta para su amiga.

Pasaban así el tiempo, mirando la llama, porque el hombre tenía una estufa de leña mientras afuera el viento y la lluvia sacudían el alero de paja del rancho.

«FIN»

¡Rápido, pare el cronómetro y conteste a las preguntas!

Busquemos una velocidad equilibrada

Ya dijimos en un capítulo anterior que leer realizando solamente 2 fotos por renglón tendría que ser nuestro objetivo final. No obstante, nuestra prioridad debe ser la de adquirir una buena técnica, sin prisas, aunque inicialmente necesitásemos emplear 3 ó 4 fotos para leerlos. Además tenemos que leer con una frecuencia fotográfica que nos haga sentirnos cómodos. En definitiva, no trate usted de correr y dé tiempo al tiempo.

Aparte de la cuestión técnica, ya hemos hablado de la importancia que tiene mejorar la velocidad de procesamiento mental que se va produciendo mientras leemos. Teniendo este factor en cuenta, empezar a leer haciendo 3 fotos por renglón tiene una ventaja especial, pues es como una estación de tránsito que nos aporta el tiempo de espera necesario para consolidar la técnica de lectura adquirida y para que mejore nuestra velocidad de procesamiento de datos, ya que si desde el principio algún lector empezase a mejorar su velocidad de lectura sin más, de forma rápida y prematura, en tanto no consiguiese el mismo desarrollo en su velocidad de procesamiento de la información, podría llegar a sentirse, en cierto modo, como un «cojo mental». Su sensación sería la de seguir el texto con comodidad visual, pero a la vez lo haría sin enterarse de lo que está leyendo. Esta persona tendría incluso dificultades para explicar lo que siente mientras lee, puesto que experimentaría sensaciones contradictorias durante todo el proceso. Así pues, saber aguardar y consolidar lo ganado, será mucho mejor que obsesionarse con tratar de mejorar la velocidad de lectura de forma indefinida.

También juega un importante papel el desarrollo integral de la memoria. No se trata solamente de aumentar nuestra velocidad de memorización, el hecho de mejorar también la memoria basal traerá como consecuencia un aumento en la retentiva de todo lo que leamos. Una persona con una memoria basal poco desarrollada, solamente podrá retener una pequeña parte de lo que lea, independientemente de la velocidad a la que hubiese estado leyendo. La memoria basal es la memoria potencial que todos poseemos sin la ayuda de ninguna técnica nemónica, es decir, la memoria que podríamos llamar bruta. Esta memoria debe desarrollarse de forma paralela al entrenamiento de la lectura rápida, pues tiene mucho que decir a la hora de obtener unos buenos resultados.

Una buena memoria puede magnificar el proceso de la lectura rápida, al permitirnos memorizar y almacenar, con mayor facilidad y durante mucho más tiempo, toda la información que hayamos leído.

La máxima mejora posible en la velocidad de lectura se hará patente cuando se trabajen por orden estas tres partes:

Técnica --- Práctica --- Entrenamiento

Este es el orden natural que debemos seguir para incrementar al máximo nuestro rendimiento en cualquier actividad, no solo para leer más rápido. Lo primero será adquirir una buena técnica, después practicar frecuentemente dicha técnica, y finalmente realizar entrenamientos adicionales que nos lleven a superar nuestros puntos débiles y a conseguir mejores resultados.

Imaginemos un piloto de coches de carrera. Su primer paso debe ser el de adquirir una técnica de pilotaje correcta. Después tendrá que practicarla frecuentemente en los circuitos si quiere llegar a dominarla, y finalmente necesitará un entrenamiento complementario que le permita mejorar sus puntos débiles. De este modo, si entrena su cuerpo y su mente, ganará fuerza física y estabilidad psíquica con las que podrá eliminar limitaciones y obtener mejores resultados.

Pero no hace falta irse a la competición para demostrar la necesidad de seguir el orden anterior, sino que este es palpable en multitud de actividades que se desarrollan en el día a día. Si una persona desea adelgazar, lo primero que necesita es conocer la técnica alimenticia para ello. Así, deberá saber qué puede comer y qué no, cuando y cuanta cantidad. Después tendrá que llevarlo a la práctica diaria manteniendo una rutina constante. Si aparte realiza un entrenamiento físico adicional para quemar grasas, y además está bien bien motivada psíquicamente para ello, el resultado no puede ser otro que el de conseguir claramente lo que desea.

Así, a una persona que posea una buena técnica de lectura pero que nunca haya entrenado, yo le recriminaría que no hubiese empezado a entrenar antes, puesto que entonces sus resultados hubiesen sido claramente superiores.

Si nuestra velocidad de lectura es excesivamente lenta, obtendremos un bajo rendimiento por «aburrimiento mental», algo que le sucede a la inmensa mayoría de los estudiantes, a quienes les cuesta comprender y memorizar porque leen muy despacio. Para que usted me entienda mejor, sería como conducir un coche por una autopista a 50 km por hora. El aburrimiento extremo que sentiríamos no podría sino aumentar las probabilidades de sufrir un accidente. Además, seguir conduciendo en el futuro de ese modo haría que dicha práctica fuese mucho más costosa, dura y aburrida. Algo similar nos sucedería si viésemos todas las películas de cine a cámara lenta, pues el hecho de que los datos y la información desfilasen ante nuestros ojos tan despacio, nos produciría un soberano aburrimiento y nos quitaría las ganas de seguir viendo cine para siempre.

El rendimiento que obtendremos al realizar una actividad tiene mucho que ver con la rapidez con la que la estemos llevando a cabo. Aumentar o disminuir la velocidad ideal de trabajo romperá nuestro equilibrio mental y nos alejará de nuestras posibilidades reales.

Por cierto, ¿no observa un cierto parecido entre los ejemplos anteriores y las pocas ganas de leer que tienen los lectores que no saben leer rápido? Y fíjese que he dicho: «que no saben leer rápido», y no: «que no tengan capacidad para leer rápido».

Bien, partiendo de que ya tengamos adquirida una buena técnica de lectura, pues en caso contrario lo primero que habría que hacer sería aprender a leer correctamente, se pueden dar las siguientes posibilidades:

a) **Una alta velocidad de procesamiento mental y una baja velocidad de memorización.**

   Esta descompensación nos produciría el efecto de ir siguiendo el texto enterándonos y comprendiendo perfectamente todo lo que fuésemos leyendo, pero al acabar sentiríamos «lejanía» respecto a la información leída. Casi todo parecería habérsenos olvidado, y solamente podríamos recordar datos puntuales.

b) **Una alta velocidad de procesamiento mental, una alta velocidad de memorización y una baja memoria basal o retentiva.**

Podríamos ir leyendo el texto comprendiendo y memorizando a la vez toda la información, pero pasado un corto período de tiempo, menor cuanto más pequeña fuese nuestra capacidad de retentiva, no nos podríamos acordar de prácticamente nada de lo que hubiésemos leído, ya que casi todo se nos habría olvidado.

c) **Una baja velocidad de procesamiento y una alta velocidad de memorización**.

Realmente pensaríamos que apenas nos estamos enterando de lo que estuviésemos leyendo, especialmente cuando apareciese alguna información lógica.

Este lector sentiría que se pierde con mucha facilidad, e incluso podría llegar a sentir bloqueos y ganas irresistibles de parar y de volver hacia atrás para releer lo ya leído, con la idea de enterarse mejor de eso que acaba de leer.

En este punto deseo aclarar que ese efecto de volver hacia atrás para releer lo leído, muy frecuente en casi todos los estudiantes, no es exclusivamente fruto de una lenta velocidad de procesamiento mental, sino que también puede ser debido a la falta de comprensión de lo que se está leyendo, a una carencia de motivación o de concentración, o lo que es peor, también podría suceder por todas estas causas a la vez.

En cualquier caso, el lector con una gran velocidad de memorización, o bien si posee una memoria basal muy desarrollada, se llevará una grata sorpresa cuando termine de leer y compruebe que ha sido capaz de retener mucha más información de lo que en un principio suponía.

d) **Unas velocidades de procesamiento mental y de memorización equilibradas**.

Indudablemente esta es la mejor opción, y por ello tenemos que tratar de buscar dicho equilibrio.

Es curioso que todo el que desea aprender a leer rápido parte ya de un perfecto equilibrio: lee muy despacio, procesa muy lentamente y, además, es incapaz de memorizar rápidamente. Bueno, no está mal para empezar.

En estos cuatro supuestos hemos partido de que ya fuésemos poseedores de una aceptable técnica de lectura, así como de cierta práctica; ahora es cuando vendría a jugar su papel el entrenamiento. Del mismo modo que muchas personas se motivarán enseguida con la idea de leer más rápido (espero que este sea su caso), hasta el extremo de que progresarán muy rápidamente y realizarán ciertos entrenamientos que incluso podrían llegar a ser un poco precoces, también es cierto que la mayoría empezará a entrenar tarde. Bueno, realmente la mayoría no lo hará nunca, del mismo modo que tampoco irán a un gimnasio o practicarán ningún deporte con un mínimo de asiduidad. Si no cuidan su propio cuerpo siendo plenamente conscientes de su evidente existencia física, menos aún lo harán con su mente cuya realidad no es tan palpable.

Voy a poner seguidamente un interesante ejemplo personal con la intención de despejar cualquier duda sobre el mantenimiento de ese equilibrio de capacidades.

Si en un campeonato deseo memorizar 20 números en 1 segundo de tiempo (marca que realicé en el último Campeonato del Mundo celebrado el 25 de agosto de 2009 en Múnich), dado que es lícito agrupar los dígitos como se desee, mi manera de agruparlos y el tamaño que finalmente escoja para ellos, dependerá de la relación que haya apreciado entre mis velocidades de lectura, de procesamiento mental y de memorización, es decir, según las sensaciones que haya tenido durante el calentamiento.

Supongamos que esta fuese mi configuración normal:

36758 73492 21452 50326

En este caso realizaría 4 rápidas fotos de unas 2/10 de segundo cada una. Ahora bien, podrían dárseme estos tres casos:

1.º Si mi Vc, Vp y Vm estuviesen equilibradas, no cambiaría nada de dicha configuración, y simplemente aplicaría mi técnica normal de memorización.

2.º Si mi Vc fuese en esos momentos claramente más rápida que mi Vp, tendría que sacrificarla un poco en busca de un mejor equilibrio de velocidades que me permitiese una memorización final más eficaz. Por ejemplo, podría tratar de realizar 5 fotos agrupando 4 dígitos por foto.

Obsérvese que ahora sería necesario leer un 25% más rápido, ya que tendría que realizar una foto más para cubrir un espacio extra más extenso, pero además también me sería más fácil procesar la información de cada una de las fotos al ser estas menos densas que antes, acercándome así a un equilibrio más perfecto gracias a penalizar mi punto más fuerte, la velocidad de lectura, y a favorecer el más débil, la de procesamiento de los datos:

$$3675 \quad 8734 \quad 9221 \quad 4525 \quad 0326$$

Otra posibilidad distinta hubiese sido, por ejemplo, alejar los grupos de números un poco más entre sí:

$$36758 \quad 73492 \quad 21452 \quad 50326$$

O también separar cada uno de los 20 dígitos, hacer los números más grandes, etc. Como puede comprobar el lector, hay una auténtica ciencia tras esta fugaz prueba.

3.º Finalmente, si mi velocidad de lectura fuese más baja de lo que debería ser para mantener un perfecto equilibrio con mi velocidad de procesamiento, tendría que favorecerla poniendo a la vez algún tipo de traba a mi Vp. Por ejemplo agrupando todos los números un poco más, reduciendo espacios en blanco, o haciendo los números más pequeños, entre otras muchas posibilidades, algunas realmente sofisticadas.

Hasta aquí es lo más sencillo, pero después, ese nivel de ajustes tendría que estar condicionado a la velocidad de memorización que tuviese en esos momentos, y tendría que estar retocando todo lo que fuese necesario hasta estar seguro de poder memorizar la información en el menor tiempo posible.

Ni que decir tiene que en los entrenamientos posteriores a esa competición tendría que trabajar prioritariamente la parte más débil, aquella que tendiese a descompensar mi equilibrio ideal y me hubiese hecho de lastre, pero sin descuidar otras capacidades, buscando de este modo un nuevo equilibrio que ya formaría parte de un nivel superior.

> La clave final para una lectura rápida y eficaz reside en poder leer, procesar y memorizar de forma equilibrada, toda la información.

En efecto, siempre deberemos tratar de alcanzar un óptimo equilibrio. Si multiplicamos 20 x 30 obtenemos 600, pero si buscamos un término medio y multiplicamos 25 x 25, obtendremos 625 y saldremos ganando. Pues bien, en el tema que nos ocupa sobre la lectura rápida sucede algo similar, salvo que esos términos medios cobran aún mayor importancia y relieve que en la simple multiplicación del ejemplo anterior.

Nunca será posible mantener un perfecto equilibrio de nuestras capacidades, pues los entrenamientos y nuestra base innata tenderán continuamente a desequilibrar la balanza, pero esto supone nuevos retos y nuevas puertas que se abren a la investigación en pro de la búsqueda de un cada vez más armonioso e ideal equilibrio de las capacidades que forman nuestra mente.

Mis sistemas de entrenamiento no conocen límite alguno en cuanto a su aplicación. Podría citar infinidad de ejemplos, pero por motivos de espacio, y para no salirnos del tema, solamente hablaré de la dislexia, dada la especial relación que presenta con la lectura. Conozco demasiados casos de niños disléxicos que son llevados al psicólogo, medicados, traumatizados y tratados como enfermos. Todo esto me resulta realmente increíble. La dislexia es simplemente el reflejo de un desajuste entre la velocidad de lectura y la de procesamiento mental. Se produce cuando Vc es claramente superior a Vp, rompiéndose el equilibrio del que he hablado anteriormente. La solución no es otra que recuperar dicho equilibrio mejorando la velocidad de procesamiento mental de la persona disléxica. Cuando se retorne a dicho equilibrio, desaparecerán los problemas.

Esto no significa que un disléxico no procese datos con rapidez, a lo mejor sí, pero en ese caso aún lee mucho más rápido en proporción.

¿Alguna duda sobre lo anterior? Por si la tiene, a ver qué le parece a usted esto: Si entreno en exceso mi velocidad de lectura hasta el extremo de crear una clara descompensación respecto a mi Vp, yo también me vuelvo disléxico. Quién lo diría, ¿verdad?

Errores y dificultades
más frecuentes

E N este capítulo encontrará una relación de los errores más frecuentes que dificultan la adquisición de una lectura rápida y eficaz. También analizaremos las causas que los producen y cómo debe procederse para solucionarlos.

1. Errores posturales

Se producen al leer con el texto torcido, girado, o colocado demasiado cerca de los ojos.

— Solución: corregir la causa procediendo a la inversa. Para poder leerlo correctamente, el texto tiene que estar recto, perpendicular a los ojos y a una distancia no inferior a 30 ó 35 cm.

2. Balbucear mientras se lee

Aunque también tiene un componente de inseguridad, generalmente se trata de un defecto arrastrado por los lectores lentos. Es fácil adquirirlo desde niños, cuando se comienza leyendo sílabas en voz alta, y consolidarlo después, al no aprender a leer correctamente y al hacerlo siempre de forma muy lenta. De este modo, se puede terminar leyendo mediante susurros o balbuceos siendo adultos.

Si este vicio está muy consolidado y el lector tiende a hacerlo siempre, tratar de aumentar la velocidad de lectura por encima del umbral de balbuceo (unas 300 ó 350 pal/min) será de entrada imposible, pues habría un bloqueo físico a dicho incremento, ya que no es posible leer por encima de esas velocidades balbuceando.

— Solución: se corrige con el tiempo, con un poquito de práctica, con paciencia y, por supuesto, aumentando la velocidad de lectura. Para ello será fundamental realizar todos los ejercicios y entrenamientos de este curso, e intentar habituarse poco a poco a no balbucear mientras se lee.

3. Repetir mentalmente lo que se va leyendo

Es un defecto que surge como consecuencia de la inseguridad que nos provoca el miedo a no enterarnos como es debido de la información que estamos leyendo. Es un vicio muy frecuente, especialmente en los estudiantes que realizan lecturas de aprendizaje.

— Solución: de igual modo que en el caso anterior, se corrige con el tiempo, con un poco de práctica y de paciencia, e incrementando la velocidad de lectura, pero además, para poder liberarnos completamente del problema hay que eliminar ese miedo inconsciente al olvido, aunque las primeras veces perdiésemos una parte de la información que leemos. Si esto llegase a suceder, no hay que sentirse culpable ni lamentarse, sino «bendecir» dicha situación para que no acabe creándose una fobia y para que el temor, verdadero responsable, desaparezca por completo, y con él lo haga el freno que nos limita. Además es necesario dosificar la profundidad de las lecturas de aprendizaje en las primeras vueltas, ya que no se debe tratar de querer aprenderlo todo de golpe.

4. Leer con miedo a perder la información

Crear un freno de mano artificial es un límite bastante absurdo.

— Solución: hay que leer sin miedo y sin preocupaciones de ningún tipo y, por supuesto, sin volver atrás sobre lo ya leído. Al final siempre se podrá volver a repasar toda la información si fuese necesario.

5. Releer lo leído

Retroceder para volver a releer lo que hemos terminado de leer es un claro síntoma de inseguridad y de preocupación por los resultados. En este caso se hace patente, además, una notoria falta de técnica de lectura, de concentración, y de un sistema eficaz de estudio y aprendizaje.

— Solución: cuando vemos una película en el vídeo de nuestra casa no la detenemos con el mando a distancia para repetir las escenas una y otra vez. Ver películas de este modo haría que nuestra afición por el cine desapareciese rápidamente. Si alguna escena resulta complicada de entender, lo que hay que hacer es terminar de ver la película normalmente, y tras haber adquirido cierta «cultura general» de su argumento, será sencillo comprenderla al ver la película por segunda vez.

Glosario

Capacidad lectora. Es el tanto por ciento de nuestra capacidad que estamos empleando para leer.

Densidad de información. Es la relación existente entre la cantidad de palabras totales que contiene un texto y aquellas que realmente nos aportan los datos importantes. De este modo, un texto con mucha «paja» sería poco denso, y otro sin ella tendría más densidad, y por tanto sería más difícil de procesar. La densidad de información puede estar referida a una foto, a un renglón, a un párrafo, o a un texto completo.

Foto. Observación simultánea de un grupo de palabras mediante una parada absoluta de los ojos sobre ellas.

Frecuencia fotográfica. Número de fotos y de saltos que se realizan por segundo.

Globo visual. Forma de óvalo que caracteriza a nuestro campo de visión cuando lo ampliamos para leer fotográficamente un grupo de palabras que pertenecen a una misma zona fotográfica. Se produce por dos razones: la primera es porque el campo de visión horizontal es superior al vertical, y la segunda porque dicho campo es mayor en el punto central de nuestra visión, disminuyendo progresivamente hacia los extremos.

Lector consolidado. Persona que ha incrementado notablemente, y en la misma proporción, sus velocidades de lectura, de procesamiento mental y de memorización.

Lectura de aprendizaje. Lectura que se realiza con la intención de comprender y memorizar todos los datos de un texto.

Lectura de ocio. Es la acción de leer por puro placer o diversión, sin tener ningún interés especial por recordar posteriormente nada de lo leído. Todo lo que después se recuerde será exclusivamente gracias al inevitable automatismo de la memoria. Por ejemplo: lectura de cuentos, novelas, cómics...

Lectura de repaso. Serie de lecturas que se realizan con el fin de poder consolidar y recordar más fácilmente, una información ya retenida en nuestra memoria.

Lectura en forma de zeta. Forma de leer cuyos defectos todos hemos adquirido desde la infancia. Consiste en leer de izquierda a derecha haciendo zetas con los ojos cada vez que cambiamos de renglón.

Lectura fotográfica. Técnica de lectura basada en la realización de fotos o visualizaciones de grupos de palabras que son captadas al mismo tiempo, y que se alternan con la sucesiva realización de saltos entre ellas.

Lectura informativa. Se trata de un tipo de lectura cuya única finalidad es razonar y comprender la información de que se trate.

Lectura rápida. Es el resultado de una aplicación veloz y desenvuelta de una técnica fotográfica de lectura, sin que se produzcan pérdidas de comprensión ni de asimilación de lo leído.

Lectura silabeada. Sistema tradicional de lectura (por decir algo) que el 99,99% de la población ha aprendido desde niños y luego conserva en su madurez. Consiste en leer de izquierda a derecha identificando las palabras sílaba a sílaba. Es adecuada para los niños pequeños que están aprendiendo a leer, pero hacerlo así de adultos tiene el mismo sentido que seguir usando el chupete.

Línea visual. Altura del renglón donde realmente apuntan los ojos.

Memoria basal (o capacidad nemónica). Se trata de la capacidad memorística en bruto, es decir, aquella capacidad de memorización que todos tenemos sin usar ninguna técnica nemónica.

Memoria eidética. Es la máxima expresión de la memoria fotográfica. Nos permite realizar flashes visuales muy rápidos y precisos.

Memoria fotográfica. Capacidad del ojo para retener la información de lo que ve. Puede mejorarse mediante un adecuado entrenamiento.

Memorización. Proceso que transcurre desde que captamos una información hasta que somos capaces de almacenarla en nuestro subconsciente. Debemos referirnos a este término como «velocidad de memorización», por estar directamente relacionado con el factor tiempo. No es lo mismo memorización que retentiva.

Paja. Palabras de relleno que contiene un texto y que no aportan información. Si es excesiva, supondrá una pérdida de tiempo y se convertirá en el principal enemigo de la concentración y de la comprensión.

Palabras entre fotos. Son aquellas palabras del renglón que están ubicadas entre dos zonas fotográficas limítrofes, es decir, que bien pudiesen formar parte del final derecho de una foto o del principio izquierdo de la siguiente.

Retentiva. Tiempo que somos capaces de mantener almacenada en nuestra mente, de forma nítida, voluntaria y controlada, una información ya memorizada.

Saltos. Rápidos desplazamientos de nuestros ojos que se realizan para pasar de unas fotos a otras.

Tiempo de exposición. Es el tiempo que estamos manteniendo una foto sobre un grupo de palabras. El tiempo de exposición puede variar entre 0,25 y 0,75 segundos.

TSR. Siglas de Turbo-Speed Reader. Nombre abreviado del *software* entrenador que viene con este curso.

Umbral de balbuceo. Velocidad de lectura que está en torno a las 300 ó 350 pal/min, por encima de la cual ya no es posible leer balbuceando o subvocalizando.

V. Velocidad final de lectura. Es la velocidad media de lectura que hemos obtenido al terminar de leer un texto, aunque finalmente no hubiésemos sido capaces de comprender ni de retener nada de lo leído.

Vc. Velocidad crucero. Es la velocidad que tendemos a mantener durante la lectura de un texto, aunque finalmente no hubiésemos sido capaces de comprender ni de retener nada de lo leído.

Vm. Velocidad de memorización. Es la velocidad a la que estamos memorizando los datos que leemos.

Vmmax. Máxima velocidad de memorización.

VO. Velocidad óptima. Es la velocidad de lectura que nos permite optimizar nuestro tiempo en relación el destino de la información que estamos leyendo.

Vp. Velocidad de procesamiento mental. Es la velocidad a la que estamos leyendo manteniendo la sensación de ir siguiendo y comprendiendo todo el texto, aunque al final no fuésemos capaces de retener nada de lo leído.

Vpmax. Máxima velocidad de procesamiento mental.

Vx. Es la máxima velocidad de lectura que somos capaces de mantener durante un tiempo no inferior a 10 segundos, pero conservando intacta toda nuestra técnica fotográfica, y sin tener por contra ningún perjuicio. Comúnmente se la denomina como picos o puntas de velocidad.

Valor óptimo. Está referido a las velocidades de lectura Vc, Vp y Vm que se consideran ideales para algún propósito. En una lectura informativa, si leemos con una Vc óptima, el valor de Vp será máximo. Si pretendemos memorizar un tema, gracias a obtener los valores óptimos en Vc y en Vp, el valor de Vm será máximo.

Visión periférica. Apertura de nuestro campo de visión con el fin de poder observar un entorno mayor. Básicamente puede ser horizontal o vertical. Una mezcla de ambas dará como resultado una especie de visión en forma de globo o burbuja.

Zona fotográfica. Parte del renglón cuyas palabras pertenecen a una misma foto.

Final

ESPERO que haya disfrutado con este curso y, por supuesto, que le haya resultado provechoso. También deseo que se anime a continuar mejorando mediante la realización de más prácticas y entrenamientos, pues sin duda se trata de una de las mejores inversiones que podrá realizar en si mismo, ya no solo por el excepcional rendimiento que se obtiene, sino también por lo que dicho entrenamiento aportará a su salud mental. Además, recuerde que la mente siempre se hace sentir en el plano físico:

Mente sana = Cuerpo sano

Como hemos podido comprobar, un aumento real en la velocidad de lectura requiere el desarrollo paralelo de otras capacidades mentales. Todas ellas deberían formar parte de una asignatura que se enseñase en los colegios, y cuyo nombre podría ser similar a este:

«Técnicas de estudio y entrenamiento mental».

Esta asignatura tendría que cubrir materias tan importantes como: técnicas de estudio y memorización, lectura rápida, preparación psicológica, organización del estudiante, etc. Hablamos de la que es con mucho la asignatura más importante, necesaria y necesitada de todas las que puedan tener cabida en cualquier plan de estudios que se precie, y además sería la que más se utilizaría. El motivo es trivial: se empieza a estudiar desde niños y ya no deja de hacerse durante muchos años, hasta bien entrada la época de adultos. Incluso hay personas que continuarán estudiando una gran parte de su vida, pero el problema es que casi nadie sabe como hacerlo bien.

En un mundo que cada día intenta ser más práctico y donde cada vez se valora la calidad de vida en mayor medida, resulta paradójico que no se extrapole ese bienestar social al sistema educativo que tantas y tantas horas reclama a alumnos y profesores (estos sufren las carencias tanto como los propios alumnos), es decir, que se rescinda de la calidad de la enseñanza y no se haga de ella algo llamativo, acogedor y agradable. Por tal motivo, la juventud actual solamente tiene dos opciones, desaprovechar una gran parte de su tiempo estudiando, o mejor dicho, desperdiciando horas y horas delante de los libros para apenas aprender algo, tal y como ha sucedido siempre, o bien olvidarse de estudiar y dedicarse a «vivir la vida». Obviamente eligen lo segundo, ya que casi todos cuentan, además, con el apoyo incondicional de sus padres. En otra época anterior se solía elegir estudiar, pero también es cierto que las penalidades por las que muchos pasaron hasta terminar sus estudios solo ellos las conocen.

Para la mayoría de los estudiantes que tienen verdadero interés, que son la minoría, estos son años de tortura, pues pasan demasiado tiempo realizando su actividad a ciegas. Demasiadas horas de estudio que no son fructíferas en absoluto y que se desaprovechan con cada momento de estudio, de lectura, de repaso, sufriendo en los exámenes, etc. En otras palabras, casi podríamos decir que se desperdicia una cuarta parte de la vida.

Que la lectura rápida, con todo lo que esta conlleva, no esté contemplada en la educación escolar es algo que estoy harto de denunciar vanamente en multitud de medios. Lamentablemente es un tema que ya doy por perdido en España, donde de veras me he esforzado en tratar de conseguirlo, pero nos encontramos ante una realidad política y socialmente ignorada, y que previsiblemente seguirá siendo un mal endémico por su desconocimiento. Lo siento por aquellos que piensan: «Si esto fuese bueno, estaría incluido en la enseñanza», sin pararse a pensar en que, el hecho de que continuamente existan tantas reformas, contradicciones y desacuerdos en relación a ella, solo puede estar motivado por la falta de talento que hay detrás, y es que, para político, como todos sabemos, vale cualquier persona, aunque carezca de la más mínima capacidad para su cargo. Ahora bien, si algún dirigente responsable supiese leer de verdad, entonces la realidad quizá fuese distinta, porque sin duda entendería el valor de lo que estoy diciendo, y puede que hasta hiciese proposiciones al respecto, pero de momento esas proposiciones brillan por su ausencia. No estoy criticando solamente al ámbito político nacional, sino también al regional, es decir, amonesto a comunidades y territorios con potestad en materia educativa, de todos los signos políticos, por su enorme ignorancia, incompetencia, irresponsabilidad, prepotencia y por usar la educación para reflejar sus intereses partidistas. El resultado es ir en el vagón de cola en materia educativa y el aumento de la ya enorme frustración escolar existente, junto con todos los problemas sociales que después vienen por añadidura. Así pues, existen dos alternativas: o bien se enseña a los niños a estudiar de verdad, a desarrollar sus capacidades mentales, a confiar en sí mismos y, en definitiva, se les motiva, o en caso contrario asistiremos a una degradación cultural y social aún mayor de la que se está produciendo, con una juventud cada vez más incapacitada y carente de valores, y donde se erijan el egoísmo, la hipocresía, el engaño, la incultura y la falta de respeto como soportes de la sociedad. En fin, desgraciadamente las cosas son como son, y esta carencia educativa, tan básica e importante, la paga como siempre toda la sociedad, padres, alumnos y terceros. Pero bueno, como no todo el mundo estará de acuerdo con mis palabras, dejemos a cada cual soñar lo que desee en su particular mundo de «Alicia en el país de las maravillas».

Creo que mi misión no es salvar a nadie de nada, y yo solamente llego hasta donde puedo, pero la aportación de mi granito de arena está en el hecho de haber conseguido que los memorizadores más rápidos del mundo sean alumnos míos (los 11 primeros en el último campeonato mundial del año 2009, y los 8 primeros en el anterior de 2007), y en el de que mi esposa, Chus García, sea invariablemente la subcampeona mundial desde el año 2005. Esto no hace sino poner de manifiesto la existencia de unas técnicas de lectura, de memorización y, en general, de desarrollo mental, realmente sobresalientes y aptas para todos.

El que desee profundizar en la adquisición de técnicas para mejorar sus capacidades mentales, podrá encontrar ayuda visitando mi página web: «www.ramoncampayo.com». Entre otras cosas, allí hallará más información sobre los cursos que imparto, tanto para adultos como para niños.

Por otra parte, deseo abrir en mi web una sección exclusiva sobre la lectura rápida, con nuevas aportaciones, como packs de tests calibrados para usar con su Turbo-Speed Reader que le permitirán seguir evaluando su progreso a medio y largo plazo. Durante el curso, el alumno realiza un total de 4 tests. Este es un buen número, pues si hubiese más, podría bajar la guardia y no valorarlos como es debido, ya que restaría impotancia a un mal resultado dado que tendría más tests posteriores con los que resarcirse. Ahora bien, al terminar el curso sí resultarán necesarios nuevos tests para seguir midiendo el progreso de todos aquellos que deseen continuar haciendo más prácticas y entrenamientos para incrementar su velocidad de lectura. Además contaremos con un foro gratuito donde los lectores podrán comentar sus progresos y sus dudas, y de este modo ayudarse mutuamente.

Me permito además recomendar al lector que trate de desarrollar su capacidad para poder memorizar más rápidamente, pues esta capacidad y la lectura van unidas de la mano y se complementan entre sí. De poco nos valdría ser capaces de leer y procesar rápidamente una información, si nuestra capacidad para memorizarla no se hubiese desarrollado convenientemente, y por tanto no fuésemos capaces de retenerla como es debido.

Un buen memorizador ha desarrollado también una importante velocidad de lectura y de procesamiento mental. Además posee una gran retentiva, una gran capacidad de concentración, un importante control de nervios, y una gran confianza en sí mismo, pues en caso contrario estaría limitado y no podría rendir adecuadamente en una competición.

Por todas estas razones siempre me han interesado tanto las pruebas de memoria rápida, ya que hay muchas cualidades mentales que desarrollar, y tales pruebas nos permiten trabajarlas todas. A tal efecto he creado unas competiciones muy emocionantes con la intención de que puedan llegar y «enganchar», de forma sana, a todo el mundo.

Aquellos que lo deseen podrán descargarse y compartir gratuitamente, el programa oficial de entrenamiento y competición para pruebas de memoria rápida, que será un **excelente complemento de su TSR**. Para ello diríjase a nuestra página web:

www.speed-memory.com

Está perfectamente demostrado que una persona que entrenando un poco consiga realizar 1.500 puntos en el programa de competición «speed memory», habrá desarrollado su memoria rápida y su fuerza mental lo suficiente como para poder estudiar con rapidez, sin tener ningún freno en este sentido. Practique pues con todas las pruebas que contiene, ¿y quién sabe, quizá coincidamos algún día en una competición?

La lectura siempre debe hacerle pasar un rato agradable, sin importar lo que esté leyendo. Si lee un libro de ficción es como si estuviese viendo una película, y si lee un texto didáctico es como si estuviese viendo un documental, con la ventaja de que leer siempre supone un entrenamiento para su mente, y un desarrollo de su imaginación y de su capacidad creativa. Cuando alguna vez sienta pereza a la hora de leer algo, aunque sean las instrucciones de su video o de la lavadora, piense que durante esos minutos de lectura (segundos cuando ya lea muy rápido) su mente estará trabajando, entrenando y fortaleciéndose.

Deseo terminar este curso con una recomendación muy importante:

Hay que leer sin preocuparse por la velocidad.

Parece que se trata de una paradoja, ¿verdad?, porque entonces, ¿para qué aprender a leer rápido?

Pues bien, no hay que tratar de leer como si nos encontrásemos en una final olímpica de 100 metros, sino que hay que leer «normalmente». Esto significa que la velocidad de lectura que desarrollemos será consecuencia directa de nuestra técnica, de nuestra práctica, de nuestro entrenamiento y de nuestra autoconfianza. Está bien pisar el acelerador, pero no podemos tratar de forzar más allá. Cada lector tiene una velocidad de crucero ideal, ni más ni menos. El lector consolidado lee rápido sencillamente porque es rápido leyendo, es decir, porque esa es su forma natural de leer, y por tanto no podría hacerlo mejor si leyese más despacio.

Cuando usted se convierta en un lector consolidado, también leerá rápido de manera natural y disfrutará más de este excelente hábito. Entonces sí que podremos decir:

«Objetivo conseguido».

Esta es la razón de ser de este curso y mi especial deseo para usted.